La cuisine totalitaire

Wladimir et Olga Kaminer

La cuisine totalitaire

dessins de Vitali Konstantinov

traduit de l'allemand par
Max Stadler & Lucile Clauss

ROMAN

GAÏA ÉDITIONS

Gaïa Éditions
82, rue de la Paix
40380 Montfort-en-Chalosse
téléphone : 05 58 97 73 26

contact@gaia-editions.com
www.gaia-editions.com

Titre original :
Küche totalitär

Cet ouvrage a fait l'objet d'une première édition (Gaïa, 2012).

Illustration de couverture :
© by Vitali Konstantinov, agence Susanne Koppe,
www.auserlesen-ausgezeichnet.de

Carte :
© Jean-Pierre Biard

ISBN 13 : 978-2-84720-930-3

Sommaire

Introduction 11
Arménie 17
Coupé ou haché ? 21
La cuisine arménienne 27
Biélorussie 33
Les pommes de terre sautées 39
La cuisine biélorusse 43
Géorgie 51
Khartcho 57
La cuisine géorgienne 63
Ukraine 69
Les singularités du mariage ukrainien 75
La cuisine ukrainienne 79
Azerbaïdjan 87
Lula kebab 93
La cuisine azerbaïdjanaise 97
Sibérie 103
Des baies et des bêtes 111
La cuisine sibérienne 115
Ouzbékistan 121
De la drogue d'Ouzbékistan 127
La cuisine ouzbek 131

Lettonie 139
Le transport du pudding 145
La cuisine lettone 149
Tatarstan 157
Le poète chauve 163
La cuisine tatare 169
Russie du Sud 173
Cinq poulets dans la crème 179
La cuisine de la Russie du Sud 183
Annexe I Les vrais Russes n'aiment pas le caviar 189
Annexe II La cuisine de maman 193
Annexe III La vodka 197
Une petite dernière 203
Remerciements 205

RUSSIE
SIBÉRIE
Mer Baltique
Estonie
Berlin
Lituanie
LETTONIE
Pologne
Moscou
BIÉLORUSSIE
Slovaquie
Hongrie
RUSSIE
UKRAINE
Roumanie
TATARSTAN
Mer Noire
RUSSIE DU SUD
Kazakhstan
Turquie
GÉORGIE
Mer Caspienne
ARMÉNIE
OUZBÉKISTAN
AZERBAÏDJAN
Turkménistan
Iran
Tadjikistan
Frontières de l'ex-URSS
0 500 1000 km
Afghanistan

Introduction

Peu de restaurants en Allemagne proposent de la cuisine russe. Beaucoup de touristes se laissent appâter par des noms de plats exotiques comme « Harengs aux pommes » ou « Spätzle à la russe ». À moi, ils ne peuvent pas me la faire. Je connais très bien la cuisine russe. Ayant grandi avec elle, je l'ai savourée à toutes les sauces durant vingt ans au jardin d'enfants, à la cantine de l'école, et à la maison. La cuisine russe est simple et nourrissante. Elle est composée de cinq plats de base qui n'ont qu'un seul but : remplir rapidement l'estomac. Si, sous l'Empire totalitaire, on voulait ravir ses papilles, il fallait plutôt regarder du côté de la cuisine soviétique. Pendant un demi-siècle, l'U.R.S.S. a retenu le meilleur des recettes de ses quinze républiques : les plats pimentés du Caucase, les mets crémeux d'Ukraine, la nourriture exotique d'Asie, l'alimentation équilibrée des pays baltes, et une douzaine d'autres comme ça.

Cette cuisine aurait sûrement beaucoup de succès en Allemagne si les Russes n'étaient pas si fainéants. Il paraît qu'il est difficile de faire son beurre dans le milieu de la restauration ici. Un bon resto signifie beaucoup de stress et peu de bénéfices. Mes compatriotes choisissent en général l'option « peu de stress/très peu de bénefs », en ouvrant des bars à sushis avec cuisine américaine complète, et en mettant de faux Japonais de Bouriatie derrière le comptoir. Parfois seulement, ils optent pour « énorme stress/énormes bénefs », mais ce genre d'activité est rarement de nature gastronomique.

Voilà pourquoi la cuisine russe est principalement pratiquée par les russophiles, une espèce de plus en plus répandue dans ce pays, et qui s'immisce dans le tout-venant allemand. La russophilie s'explique assez facilement : soit on a étudié en Russie, soit on y est allé pour construire une ligne de chemin de fer, soit on a épousé une Russe.

Il n'est pas rare qu'une personne réunisse ces trois traits, car la Russie obéit toujours aux lois du « mat-dial », le matérialisme dialectique. Rien n'arrive par hasard, tout est lié. Par exemple, quand un Allemand commence ses études en Russie, le chemin de fer et le mariage ne sont jamais loin. Si, en revanche, il commence par le chemin de fer, les études et le mariage sont quasiment programmés. Peu importe par quoi on commence, on en arrivera toujours au même résultat : la russophilie.

Une fois retournée dans sa patrie, la personne en question va louer un bistrot comme on en trouve aux coins des rues dans les grandes villes, le décorer de centaines de poupées en bois et de bouteilles de vodka, et l'appeler « Balalaïka », « Samovar » ou, on ne peut plus original, « Perestroïka ». Puis il mettra sa femme aux fourneaux : *bortsch*, pelménis et quenelles de Kaliningrad, le tout accompagné de vodka, voilà la cuisine russe d'Allemagne. La vraie cuisine russe, dansante et rebelle plutôt que quenelle, on la trouve dans des soirées privées, dans un quasi-sous-sol, tout au bout du Kurfürstendamm, juste à côté d'une station-service et d'un pont. Quand on passe devant ce resto, on ne voit qu'une baraque isolée aux vitres opaques. On ne devinerait jamais l'intérieur tape-à-l'œil qu'il recèle. Le restaurant est fermé la plupart du temps, mais certains samedis, à heure tardive, le passant sera surpris d'y voir ces hommes en costume et ces femmes apprêtées en robe de soirée qui se pressent vers la sortie pour respirer l'air frais en riant à gorge déployée. Ont-ils pris des stupéfiants ? se demandera le badaud non averti. Mais le connaisseur sait que ces personnes viennent de goûter à la gastronomie russe, la seule au monde qui fasse passer la nourriture au second plan.

En effet, les Russes ne vont pas au restaurant pour manger ou boire, ils peuvent aussi bien le faire chez eux. Ils sortent pour faire la fête. Et tout ce qui, pour des raisons de sécurité, n'est pas permis à la maison, doit l'être au restaurant : chanter, faire la danse du ventre, se balancer au lustre.

L'ingrédient le plus important de la cuisine russe est l'humeur du cuisinier. Dans un bon jour, il est capable de sortir de sa toque un esturgeon rempli de caviar, de jongler avec des brochettes devant la table, ou de cracher du feu avec de la vodka. Dans un mauvais jour, cela peut devenir encore plus acrobatique. Il faut absolument vider son assiette, car les cuisiniers russes sont très susceptibles.

Dans un tel restaurant, il vaut mieux arriver en compagnie de Russes et choisir une table contre le mur pour ne pas risquer d'être surpris par-derrière. Il est judicieux de s'arrêter au bistrot du coin juste avant d'y aller pour prendre un petit schnaps, et de ne rien manger la veille. Puis prendre son courage à deux mains et entrer, saluer chaleureusement et s'éclaircir discrètement la voix. Si dix BMW noires sont garées devant le restaurant, ne pas entrer, changer immédiatement de trottoir et faire comme si on avait l'intention d'aller dîner ailleurs, mais réessayer la semaine suivante. On peut également organiser un dîner russe chez soi : il suffit d'acheter beaucoup d'alcool, des cornichons, d'appeler ses amis, d'inviter les voisins, de mettre la musique à fond, et voilà, le tour est joué.

La dernière fois que je suis allé manger russe à Berlin, c'était pour les soixante-dix ans de mon père. Il n'avait aucune envie de dîner confortablement à la maison comme un beauf, non : il voulait crâner et inviter toute la famille dans le restaurant précité en périphérie de la ville. Ce lieu avait depuis des années la réputation d'être une sorte de passage secret vers le passé, invisible pour les touristes et les autochtones. Les Russes y cuisinent pour les Russes et leur font croire qu'ils n'ont jamais émigré. J'y suis allé à plusieurs reprises pour franchir cette porte magique et, à chaque fois, je suis ressorti dans le Berlin nocturne en poussant un soupir de soulagement. Ces derniers temps, le passage semblait néanmoins connaître des problèmes techniques. J'ai appelé à plusieurs reprises pour me renseigner sur les jours d'ouverture, mais personne n'a décroché. Finalement, j'ai quand même pu obtenir quelques places pour notre voyage dans le temps : ce serait un samedi.

La soirée a commencé tout à fait normalement. À notre arrivée, une douzaine de clients se trouvaient dans le restaurant. À l'une des tables, un garçon prénommé Micha fêtait ses vingt ans avec ses amis ; à une autre, deux moustachus buvaient de la vodka et fumaient sans dire un mot. Une chanteuse en robe de soirée est montée sur scène et a demandé le nom des deux jubilaires. Puis elle a pianoté quelque chose sur son ordinateur et la musique a empli la salle. Le jeune héros du jour a été honoré par un succès populaire dont le refrain était : « Sans toi, Micha, je meurs. Micha, chaque nuit, Micha, je rêve de toi, Micha ! »

Mon père aurait également souhaité entendre une chanson mettant son nom à l'honneur, mais n'a obtenu qu'une vieille mélopée géorgienne : « Mon âge m'a rendu riche, et si je dois partir bientôt… »

« Mais je me sens encore très bien ! » s'est exclamé mon père depuis sa chaise.

Rien à faire, l'ordinateur était déjà programmé. La chanteuse est descendue de la scène avant la fin de la ritournelle. La chanson a continué toute seule.

Nous venions à peine de commander et de remplir nos verres quand la chanteuse est réapparue.

« Arrêtez de manger ! a hurlé sa voix dans les haut-parleurs. Levez-vous ! On va danser ! »

Son ordinateur s'est mis à cracher de la techno russe, si fort qu'il était devenu impossible de s'entendre. Personne n'avait l'intention de s'exécuter, tout le monde a sagement attendu qu'elle reparte. La chanteuse a dansé un moment toute seule avant de regagner les cuisines.

Mon père a inspecté son assiette d'un air sceptique, le jeune Micha de la table voisine s'est mis à parler un allemand impeccable avec une blonde, les moustachus se sont rendus l'un après l'autre aux toilettes et ont continué ensuite de se saouler. Soudain, silence dans la salle. Visiblement cassé, l'ordinateur n'émettait plus que de curieux bip-bip, et la chanteuse a accouru pour le réparer. Elle a frappé du plat de la main sur la tour, mais en vain, impossible de le faire repartir.

« Allez, on va chanter ! a-t-elle hurlé dans le micro. Vous êtes russes ou quoi ? »

Aucune réaction dans la salle. Quelque chose clochait dans ce voyage dans le temps. Mon père, qui trifouillait toujours dans son assiette avec sa fourchette, a porté un morceau de viande devant ses yeux et l'a examiné à la lueur de la bougie.

« Fiston, c'était mieux avant ! a-t-il commencé.

— Je sais, l'ai-je interrompu. Allez, buvons plutôt un verre ! »

Plus tard dans la nuit, le vieux jubilaire et moi nous sommes retrouvés bras dessus bras dessous sur le Kudamm. Mon père agitait sa cravate pour faire signe aux voitures de s'arrêter. À côté de nous, le jeune Micha, une cigarette cassée dans la bouche.

« Je vais vous héler un taxi », s'est-il exclamé en se précipitant sur la chaussée les bras en l'air.

Un crissement de pneus et de nombreux jurons plus tard, plusieurs voitures s'étaient arrêtées, dont l'une était effectivement un taxi. Mon père a souhaité une bonne continuation à Micha en l'appelant « Kolia ». Le lendemain matin, il ne se sentait pas bien et a passé la journée au lit.

La porte magique, ce dernier passage secret vers un monde perdu, s'est définitivement refermée. C'est peu après cette soirée que ma femme et moi avons décidé de consigner nos expériences de la cuisine soviétique dans un petit livre, afin que les générations à venir aient matière à expérimentation.

Wladimir Kaminer

Arménie

L'Arménie est un pays de la taille de la Basse-Saxe mais d'une beauté époustouflante. La population arménienne est réputée pour son accueil chaleureux, sa culture millénaire et la richesse de sa gastronomie. Ce n'est pas pour rien que Noé, après le déluge, est descendu de son Arche sur le mont Ararat, faisant ainsi de l'Arménie le berceau de l'humanité. Malgré, ou plutôt à cause de, ces qualités, des conquérants de toutes sortes l'ont envahie depuis la nuit des temps. Les Romains, les Perses, les Turcs et les Arabes ont mis l'Arménie à feu et à sang, malmenant et terrorisant la population. Aujourd'hui, il y a plus d'Arméniens en Amérique et en Europe qu'en Arménie. Mais le passé sombre et tourmenté de ce peuple n'a pas entamé sa joie de vivre. L'hospitalité arménienne n'a pas souffert d'une égratignure, tout le monde peut s'attendre à être chaleureusement accueilli, sauf les citoyens des pays limitrophes.

Au cours du XXe siècle, l'Arménie a obtenu son indépendance plusieurs fois. Après la défaite de l'armée allemande en 1918, les Turcs se sont retirés du Caucase, la guerre civile a éclaté, les Anglais ont occupé Bakou et, avant de repartir, ont fusillé les légendaires vingt-six commissaires de Bakou, parmi lesquels quelques Arméniens. La république indépendante d'Arménie a été fondée juste après.

Deux ans plus tard, cette indépendance a été renouvelée, cette fois sous la forme d'une république socialiste soviétique.

La cuisine arménienne, l'une des plus anciennes du monde, s'est vu attribuer la place d'honneur dans les livres de cuisine de l'Empire soviétique. Cette cuisine se distingue par ses salades, ses herbes et ses épices considérées comme non comestibles dans le reste du monde, ses plats de viande très originaux, ses douces friandises et sa boisson nationale, le cognac Ararat.

Je dois à cette boisson ma première expérience avec l'alcool. Elle s'est déroulée chez mon ami Arthur, au balcon du seizième étage d'un immeuble. J'étais allé le voir soi-disant pour faire mes devoirs avec lui. Sa mère était serveuse dans un restaurant arménien de Moscou. En Union soviétique, il était courant de ramener des babioles de son travail, en souvenir d'une bonne journée de labeur. La mère d'Arthur rapportait chaque jour du cognac de cinq ans d'âge de la marque Ararat. Elle en avait constitué un stock que le restant de ses jours n'avait pas suffi à épuiser. À l'initiative d'Arthur, nous en avons vidé à nous deux, à l'époque encore mineurs, une bouteille sur le balcon de son appartement.

Le goût sucré de l'Ararat nous a empêchés, enfants que nous étions, de remarquer son dangereux pouvoir alcoolisant. Très vite, nous nous sommes retrouvés ivres. Arthur a commencé à jongler avec des pots de fleurs en les faisant tous tomber l'un après l'autre. J'avais l'impression d'être un parachutiste atterri par hasard sur le mauvais balcon. J'avais le vertige, le sol se dérobait sous mes pieds et j'ai vomi. Pour finir, la mère d'Arthur nous a mis une bonne raclée. Mais ça a tout de même été une expérience importante. Depuis, je n'ai plus jamais bu de cognac arménien sur un balcon du seizième étage.

Coupé ou haché ?

« Pas de pot, cette bataille de la forêt de Teutobourg. Si les Barbares n'avaient pas mis la pâtée aux Romains, l'Allemagne ne serait pas ce qu'elle est aujourd'hui. La cuisine serait bien meilleure, dissertait mon ami Alik. Surtout, elle serait beaucoup plus raffinée : on aurait du risotto au lieu des quenelles, du bon vin rouge, des chansons optimistes et, aux infos, on ne verrait que des blondes à gros nichons. Mais il a fallu qu'ils chassent les Romains de leur foutue forêt ! Et pour quel résultat ? Le döner kebab ! » a dit Alik en levant l'index.

Certes, mon ami n'avait pas tout à fait tort, mais quelqu'un se devait de défendre le point de vue des Barbares dans cette discussion. Ils s'étaient tout de même battus pour leur liberté contre l'occupant.

« J'aime les quenelles, moi ! ai-je répliqué. Et tu n'y connais rien à la cuisine allemande ! Le boudin, le gratin d'épinards, le ragoût une viande, le ragoût deux viandes... Et pour ce qui est des chanteurs optimistes, l'Allemagne en est bourrée, il y en a tout un tas, comme les Marianne, Michael et consorts. Tu serais le premier à fuir dans la forêt pour ne pas avoir à entendre cette musique-là, alors sois plutôt reconnaissant, et bas les pattes de la culture allemande qui, heureusement, n'est pas si envahissante. »

Notre discussion culinaire s'était amorcée lors de la préparation d'un barbecue international. Les collègues allemands étaient chargés de la technique, c'est-à-dire de la fourniture des briquettes de charbon et du montage du barbecue. Nous, pour notre part, avions prévu d'impressionner nos amis avec des brochettes d'agneau faites maison. Alik s'était vanté d'être le dernier sur la planète à maîtriser l'art de la brochette d'agneau. Le grand maître n'avait tout de même pas décliné mon humble aide, pour ne pas s'ennuyer pendant son travail. En plein embouteillage sur la route de Kreuzberg, j'ai donc dû endurer sa leçon sur l'importance de la brochette d'agneau à travers les âges.

« Beaucoup de peuples se sont essayés à ce plat, et ils ont tous échoué. Il ne suffit pas de connaître la recette ; ce qui compte, c'est l'expérience. Seuls les Arméniens ayant grandi à Bakou savent en faire une. Là-bas, chaque jour commence et se finit en brochette. »

J'ai cru Alik sur parole : il était lui-même arménien et, qui plus est, de Bakou, et savait donc de quoi il parlait.

« Le plus important, ce sont les ingrédients, m'a-t-il expliqué. Il nous faut de la bonne viande d'agneau. Et ça, l'histoire en a voulu ainsi, on n'en trouve que sur les étals de légumes du quartier turc du Kottbusser Damm. »

Chez nous, dans l'est de Berlin, ce sont surtout les Vietnamiens qui ont la haute main sur le commerce des fruits et légumes. Ils sont travailleurs, polis et discrets. On ne pourrait pas s'imaginer un Vietnamien posté sur le bord du trottoir et criant aux oreilles des passants : « Cinq kilos de bananes pour 1 euro ! » Les commerçants vietnamiens restent tranquillement assis sur leur chaise pliante à côté de leurs fruits et légumes et les regardent se vendre tout seuls. Quand vient le soir, ils replient leur chaise et rentrent chez eux pour regarder TV-Hanoï au lieu de hurler dans le noir : « Allez ! Allez ! Tout pour pas cher et les derniers gratuits ! » Chez eux, les tomates sont souvent meilleures qu'ailleurs, mais l'agneau, il n'y en a que dans le Kottbusser Damm.

Le commerçant turc nous a dévisagés d'un air méfiant quand Alik a demandé ce qu'il voulait.

« Trois hauts de pattes arrière ? a-t-il répété dans un allemand parfait. Tu te fous de moi ? D'où vous venez pour sortir des trucs comme ça ? »

Avec sa moustache bien taillée et sa grosse chaîne en or, on aurait dit un professeur ès viande d'agneau. Mais mon ami n'avait rien à lui envier. La moustache d'Alik s'étendait sur tout son corps, le tout agrémenté de deux chaînes grosses comme des doigts et d'une montre de la taille d'une tasse de thé.

« On est russes, a-t-il dit. Plus précisément, d'Union soviétique.

— Tu te fous encore de moi ? lui a demandé le boucher, incrédule. Je connais bien les Russes, il y en a beaucoup dans le coin. Les Russes sont carrément différents. Allez, reconnaissez que vous êtes albanais !

— Eh, tu te fous de moi aussi ! a rétorqué Alik. On n'est pas albanais. La Russie était grande à l'époque. » Alik a écarté les bras pour montrer à quel point la Russie était grande. Quelques boîtes de feta bulgare et d'olives sont tombées par terre. « Un pays gigantesque avec beaucoup de langues et de gens différents ! » a dit Alik en faisant un geste censé représenter la situation géopolitique de notre patrie mais qui ressemblait plutôt à un double doigt d'honneur.

Après avoir observé ces gesticulations, le boucher est resté songeur. Mon ami avait visiblement gagné son respect. Nous avons ensuite contemplé la vitrine. Alik a complimenté son confrère pour la bonne tenue de son étal. Le boucher s'est alors mis à crâner :

« Hier, un type m'a apporté trois agneaux, a-t-il raconté. Je les ai refusés tous les trois, je ne prends que les bêtes qui ressemblent à de la viande. Mais il y en a de moins en moins. Les trois d'hier avaient l'air de… » Le boucher, cherchant le bon terme, s'est servi de ses mains pour illustrer ce qu'il voulait dire. « De sortir d'un cirque !

— Oh non ! Pas possible ! » a soupiré Alik en secouant la tête. Il prenait les soucis du boucher très au sérieux.

Nous avons acheté les hauts de pattes appropriés, plus une grosse quantité d'oignons, du poivre égyptien et de la menthe fraîche, sous les yeux ébahis du marchand qui ne comprenait pas ce que nous avions l'intention de préparer.

« Pas besoin de menthe, tu fais cuire et tu manges, c'est tout ! a-t-il conseillé.

— Chacun sa recette », a répondu diplomatiquement Alik.

Pour finir, ils ont débattu de la bonne façon de hacher la viande, ce qui a révélé d'importantes divergences culturelles.

« Pas comme ça, comme ça, entendait-on depuis le comptoir.

— Non, pas comme ça !

— Non, comme ça !

— Comme ça et comme ça ! »

Le boucher se cramponnait à sa façon de faire. Mon ami risquait à chaque seconde de se faire décapiter tant il agitait son couperet. Mais Alik ne s'est pas laissé démonter. Le boucher voulait procéder comme d'habitude ; Alik, quant à lui, voulait faire comme dans une boucherie arménienne de Bakou en 1979, et il a fini par l'obtenir.

J'ai fourré les trois pattes arrière correctement découpées dans un grand sac en tissu à l'effigie de trois cosmonautes indiens disparus, qui affichaient un grand sourire optimiste malgré leur accident. J'ai mis le reste par-dessus avant de lancer le tout sur le siège avant d'un taxi. Alik et moi sommes montés à l'arrière.

« Qu'est-ce qui sent si bon ? a demandé le chauffeur.

— La menthe, a répondu Alik.

— Oh ! Cette odeur me rappelle chez moi ! a-t-il dit. Je viens d'un petit village d'Anatolie orientale. Il y en avait partout, et elle rendait l'air si doux que quand on en respirait trop longtemps, on en avait la tête qui tournait !

— Ça a l'air romantique, ai-je remarqué.

— Oh oui, c'était romantique », a confirmé le chauffeur.

À nouveau bloqués dans les embouteillages dans les environs du Kottbusser Damm, nous mâchions tous les trois des feuilles de menthe.

Trois types au crâne rasé ont sauté de la voiture devant nous et ont commencé à se poursuivre. Ils criaient fort, l'un d'entre eux est monté sur le toit d'une BM et en est tombé, un autre a tiré un coup de feu.

« Des flics en civil qui font une razzia, nous a expliqué le chauffeur. Alors comme ça, vous êtes albanais ? Ça sentait comment chez vous ? Aussi bon ?

— Oui, à peu près pareil », avons-nous menti en continuant de mâcher la menthe, en regardant par la fenêtre et en nous demandant comment ça sentait vraiment chez nous.

La cuisine arménienne

Toutes les proportions sont établies pour quatre personnes

∞ Entrée ∞

Salade d'orties

Ingrédients :

800 g de pousses d'orties
1 bouquet de ciboule
1 bouquet de persil
200 g de cerneaux de noix
1 cuil. à café de vinaigre
sel

Préparation :

Laver et trier les orties. Plonger les jeunes pousses 5 minutes dans de l'eau bouillante salée. Égoutter les orties et récupérer le bouillon. Broyer les noix, les incorporer au bouillon et au vinaigre pour en faire un assaisonnement. Laver puis hacher la ciboule et le persil. Déposer les orties dans un saladier, arroser de la sauce précédemment préparée, parsemer de ciboule et de persil. Servir.

ꟷ Soupe ꟷ

Bosbasch Sisiani

Ingrédients :

250 g de filet d'agneau
2 pommes de terre
1 cuil. à café de farine
1 oignon
1 cuil. à soupe de concentré de tomates
2 cuil. à soupe de margarine
6 mirabelles
1 bouquet de persil
1 bouquet d'aneth
sel, poivre

Préparation :

Rincer l'agneau sous l'eau froide et le découper en cubes de 3 centimètres d'épaisseur. Mettre la viande dans une casserole et recouvrir d'eau froide. Laisser bouillir 30 minutes. Écumer soigneusement le bouillon. Peler l'oignon et le découper en rondelles. Faire revenir à la poêle avec la margarine, la farine et le concentré de tomates. Retirer la viande du bouillon, l'ajouter aux rondelles d'oignon dans la poêle et l'y laisser jusqu'à ce qu'elle soit dorée. Remettre le tout dans la casserole et y verser les pommes de terre pelées et découpées en gros morceaux, les mirabelles dénoyautées, le sel, le poivre et les herbes finement hachées. Laisser mijoter 30 minutes avant de servir.

ꕥ Plats de résistance ꕥ

Poisson ktchoutch

Ingrédients :

1 kg de filets de poisson blanc
5 oignons
100 g de beurre
4 tomates
4 poivrons
100 ml de vin blanc
20 grains de poivre noir
¼ de cuil. à café de poivre moulu
2 cuil. à soupe d'estragon haché
sel

Préparation :

Couper les oignons pelés et les poivrons en fines lamelles, et les tomates en quartiers. Beurrer un plat et y déposer en plusieurs couches les oignons, les poivrons et les tomates. Saler et poivrer. Poser par-dessus les filets de poisson découpés en grands morceaux, puis recouvrir d'une couche de légumes, parsemer d'herbes, d'épices, poivrer et saler. Ajouter le vin et couvrir le plat. Faire cuire le ktchoutch 30 à 40 minutes au four à 180 degrés. Servir chaud.

Kololak achtarakski

Ingrédients :

1,5 kg de bœuf
1 poulet
2 œufs
4 cuil. à soupe de beurre
2 cuil. à soupe de cognac
½ bouquet d'estragon
½ bouquet de persil
poivre noir du moulin
sel

Préparation :

Frapper la viande de bœuf jusqu'à ce qu'elle ressemble à de la pâte, puis saler, poivrer et continuer l'opération jusqu'à ce que la chair devienne blanchâtre. La placer dans un large plat, l'arroser de cognac et de beurre, et continuer de frapper jusqu'à obtenir une bouillie liquide. Ajouter un œuf battu et bien mélanger. Faire cuire un poulet dans trois litres d'eau. Écaler un œuf dur, retirer le jaune et le remplacer par un bout de papier avec une citation (par exemple, celle-ci de Francis Bacon : « La vie est courte, prends soin de ne pas toujours faire la même chose ! »). Placer l'œuf farci dans le ventre du poulet. Répartir uniformément la pâte de viande sur un torchon, y déposer le poulet. Refermer le torchon sur le poulet et fixer le tout à l'aide d'une ficelle. Plonger le kololak dans le bouillon de volaille et laisser cuire 40 minutes. Sortir le kololak du torchon et le servir décoré de persil et d'estragon.

ꕤ Dessert ꕤ

Noix aux framboises

Ingrédients :

400 g de cerneaux de noix
200 g de sucre glace
400 g de framboises
300 ml d'huile de tournesol

Préparation :

Plonger les cerneaux de noix 5 à 15 minutes dans de l'eau bouillante, puis retirer la peau. Tremper les cerneaux dans l'eau chaude, les égoutter, puis les saupoudrer de sucre glace et les faire frire dans l'huile. Laisser refroidir. Mélanger délicatement avec les framboises avant de servir.

Biélorussie

La Biélorussie est un pays d'Europe orientale grand comme un peu plus d'un tiers de la France, coincé entre la Pologne, la Lituanie et la Russie. Alors que les zones habitées représentent en France dix pour cent de la surface du territoire, elles s'élèvent à quatre pour cent en Biélorussie. L'État tout entier compte moins d'habitants que Paris et sa région.

L'histoire de la Biélorussie est assez spectaculaire. Ce pays n'a pas toujours existé en tant que tel, il a fait un temps partie de la Pologne, puis de la Lituanie, puis de la Russie. Durant des siècles, cette région a fait office de bouclier contre les envahisseurs de l'Ouest. L'ennemi ne savait jamais s'il était déjà arrivé dans l'est ou s'il était encore à l'ouest. La Biélorussie n'a ni littoral ni montagnes, mais beaucoup de forêts et de marécages. Presque toutes les armées ayant tenté la conquête de l'Est se sont perdues dans ces forêts et ces marais. Les empereurs, les princes, les rois, les généraux les plus futés et les futurs maîtres du monde ont tous terminé leur carrière avec pertes et fracas dans le bourbier biélorusse. Certains y sont restés pour toujours, d'autres en sont revenus en pacifistes convaincus : ils se sont alors attelés à relater leurs aventures dans d'épais Mémoires pour mettre en garde les générations futures. On pourrait remplir une bibliothèque entière avec toutes ces œuvres qui portent des titres aussi alléchants que *Ma vie dans le marais*, *La vengeance des partisans*, *Les ombres disparaissent à minuit*, et qui contiennent toutes un message clair : n'y allez surtout pas ! Allez plutôt conquérir le pôle Sud ou l'Australie ! Le monde est grand, trouvez une autre idée, mais ne vous risquez pas dans cette contrée sauvage. Les jeunes conquérants, pourtant, ne les ont pas écoutés. Persuadés qu'il ne leur arriverait rien, ils ont pris les vieux pour des pleutres. Certains se sont montrés assez rusés. Napoléon, par exemple, a contourné la forêt, mais s'y est quand même retrouvé piégé au retour, et voilà la guerre perdue. Une fois banni sur l'île de Sainte-Hélène, Napoléon a commencé à écrire sa trilogie intitulée *Mes meilleures aventures*. L'un des thèmes centraux de cette œuvre devait être ses tribulations dans les pays de l'Est. Mais à chaque fois qu'il en venait à la Biélorussie, Napoléon se mettait dans un état tel que les médecins lui interdisaient d'écrire. Il n'a donc jamais pu achever sa trilogie.

Le plus étrange, c'est que personne ne sait ce qu'il s'est vraiment passé dans les forêts biélorusses. En réalité, les Biélorusses ne sont pas belliqueux, ils sont gentils, polis et intelligents. Peut-être que la forêt les transforme quand ils doivent s'y réfugier pour fuir un envahisseur. De plus, il n'est pas vraiment glorieux de conquérir d'entrée un pays qui n'a guère plus à offrir que des baies et des champignons. Ni le socialisme ni le temps qui passe n'ont pu y changer quoi que ce soit. Mais il ne faut pas uniquement voir la Biélorussie comme une réserve naturelle bourrée de partisans. Ce pays possède de grandes villes, au moins quatre ou cinq, et quelques fleuves ainsi que de gigantesques champs de patates. La pomme de terre biélorusse est la plus grosse du monde.

Même au temps de l'économie planifiée, la Biélorussie n'allait pas si mal. Au sein de l'U.R.S.S., elle était surtout chargée de la production de gazinières et de lessive. Les produits chimiques biélorusses étaient réputés dans tout le bloc capitaliste pour être peu chers, nocifs mais efficaces. Le Japon et les États-Unis y achetaient beaucoup de produits chimiques qu'ils jugeaient trop dangereux de produire chez eux. Sans oublier les centrales nucléaires biélorusses qui fournissaient de l'électricité à la moitié de l'Union soviétique. D'année en année, les pommes de terre ne cessaient de grossir, la population rayonnait.

Après la chute de l'Union soviétique, comme dans toutes les autres républiques, une « national-démocratie » a été établie. On s'est mis à la recherche de l'identité biélorusse. La langue biélorusse devait trouver son expression dans une littérature propre, et l'on a passé au peigne fin toute l'histoire du pays à la recherche de héros acceptables. À l'école, les enfants rédigeaient des rédactions sur le sujet : « Pourquoi suis-je biélorusse ? »

Mais ce nationalisme démocratique n'a pas duré très longtemps. Les nationaux-démocrates ont été remplacés par l'ex-président de kolkhoze Loukachenko. Sous sa direction, le pays s'est engagé dans ce que l'on appelle « la troisième voie » : un socialisme capitaliste de pommes de terre avec des éléments coopératifs, un modèle difficile à expliquer aux Occidentaux. Tout est à la fois interdit et autorisé. L'initiative individuelle y est encouragée, mais aussi punie. On agit en suivant son instinct. Loukachenko, surnommé avec tendresse et ironie « Petit père » par ses compatriotes, a fait en sorte que riches et pauvres dorment à la même température et croquent dans la même pomme de terre. Loukachenko aime les petits retraités et ne supporte pas qu'on s'oppose à sa politique. Son credo, c'est : « Un peuple, un destin, une opinion ». Avec lui, la question de la langue biélorusse a été vite réglée : « Chers frères et sœurs, a-t-il dit à son peuple lors d'une allocution télévisée, je ne connais que deux grandes langues au monde : le russe et l'américain. Ne vous faites pas d'illusions et choisissez-en une. »

Les pommes de terre sautées

Presque tous les écrivains que je connais vont courir, se torturent sur un vélo d'appartement ou se rendent régulièrement à la piscine. Ils sont obligés de faire attention à leur ligne. En effet, le travail de création va souvent de pair avec un manque d'activité physique et une surcharge calorique induite par une consommation quotidienne d'alcool.

À chaque fois que je monte sur la balance, je me souviens de mon service militaire. À l'époque, nous avions un tout autre problème : trop d'activité physique et trop peu de calories ! La première année du moins, le manque de sexe et de nourriture était le principal sujet de conversation de tous les soldats. Quand l'un d'entre nous avait reçu la visite de ses parents ou de sa petite amie, tout le monde le devinait au plus tard dans la nuit, car il dégageait en dormant l'odeur de toutes les délicatesses dégustées au cours de la journée. Le Moldave sentait la saucisse paysanne légèrement grillée, le Sibérien le pelménis et la vodka, l'Ouzbek le raisin et le koumis. Gleb, notre camarade biélorusse, ne recevait jamais de visite, mais sentait tout de même toutes les nuits les pommes de terre sautées. Mon ami Andreï, qui avait fait des études de pédagogie avant son service et s'était ainsi vu affubler du surnom de « Professeur », avait avancé une théorie assez audacieuse à ce propos : Gleb rêvait de pommes de terre sautées, et ce, si intensément qu'il en matérialisait l'odeur.

Cette théorie me paraissait trop scientifique. Un jour, je me suis risqué à aborder le sujet des pommes sautées avec Gleb, et j'ai découvert qu'il avait bel et bien réussi à dérober un sac de patates au mess des officiers et qu'il avait appris à les faire frire sans poêle ni huile. Il coupait les pommes de terre très fin et les déposait sur un plat en métal tout aussi fin, puis se servait d'un fer à repasser en guise de four. À la place de l'huile, il prenait une infime quantité de vaseline technique. La préparation de ce plat était difficile et fatigante. La cuisson durait presque une journée entière, pour quelques secondes de plaisir. Mais, ayant du temps à tuer, nous n'avons pas hésité à l'aider dans ses activités culinaires biélorusses. Jour après jour, il nous racontait des histoires de son pays et surtout de sa ville d'origine et de cœur, Novopolotsk, que je connais donc aujourd'hui encore mieux que la mienne. C'était une ville biélorusse typique, au milieu de champs de pommes de terre, dotée des infrastructures soviétiques standard : une ligne de tramway, une école, un jardin d'enfants et cinq combinats de chimie.

La population devait observer des règles de sécurité très strictes. Un jour sur deux, une alarme se déclenchait dans l'un des combinats. À ce signal, tout le monde devait immédiatement se munir d'un masque à gaz et descendre à la cave. Souvent, l'alarme était actionnée à mauvais escient par le personnel. Quand un brigadier souhaitait faire disperser une file d'attente devant l'épicerie, il faisait mugir les sirènes, quand le chef de la sécurité voulait se rendre au sauna, il activait l'alarme ; et quand le directeur d'un combinat ne voulait plus entendre sa femme au téléphone, il n'hésitait pas à appuyer sur le bouton magique. C'est pour cette raison que plus personne à Novopolotsk ne prenait ces alertes au sérieux. Seules les personnes âgées portaient consciencieusement leur masque à gaz avec la trompe en avant comme c'était indiqué dans la notice d'utilisation. Les plus jeunes portaient leur masque à gaz avec la trompe en arrière, en signe de protestation, ou y découpaient de grands trous à la place des yeux et de la bouche pour pouvoir voir et respirer.

À Novopolotsk, même le facteur traversait la ville avec un masque à gaz, ce qui compliquait d'autant sa tâche déjà bien difficile. Les deux rues principales de Novopolotsk portaient le nom des deux poètes biélorusses les plus connus : Yanka Koupala et Yakub Koloss. Mais ces noms se ressemblaient beaucoup et les facteurs ne parvenaient jamais à les distinguer. Heureusement, quasiment tous les habitants de Novopolotsk se connaissaient et s'échangeaient leurs lettres.

À part ce genre d'histoires, Gleb nous racontait aussi d'autres anecdotes sur la cuisine biélorusse. Il nous en a nourri durant pratiquement une année entière à l'armée et nous a transformés en grands fans de la Biélorussie. Au premier abord, cette cuisine peut paraître pauvre et ennuyeuse parce qu'elle se compose essentiellement de plats à base de pommes de terre. Mais cela ne dérange pas le Biélorusse de souche. Il sait parfaitement que ce régime monotone n'est pas le fruit d'une réflexion de laboratoire mais de la sagesse du peuple. Les conséquences de ce régime à base de pommes de terre sont flagrantes. Il n'y a pratiquement pas d'obésité en Biélorussie, les gens sont beaux et vivent longtemps. Pourtant, la pomme de terre n'est pas une invention biélorusse. Autrefois, les Biélorusses se nourrissaient principalement de carottes. C'est le tsar Pierre le Grand qui a importé la pomme de terre en Biélorussie dans le cadre d'une réforme patatière générale en Russie. Selon la légende, le tsar n'a pas eu besoin de faire beaucoup d'efforts pour susciter l'enthousiasme de son peuple pour ces nouveaux plats et cette nouvelle culture. Il a fait entourer le premier champ de patates de panneaux menaçant les voleurs de la peine de mort : le lendemain, le champ était vide.

Ce légume est très vite devenu le symbole du bon goût biélorusse. Ce qu'est aux Ukrainiens le lard, aux Allemands la choucroute, et aux Italiens les spaghettis, la pomme de terre l'est aux Biélorusses depuis le XVIIIe siècle. Au petit déjeuner, on mange des pommes de terre sautées ; à midi, de la soupe de pommes de terre, suivie de cornichons avec de la purée, et enfin des galettes de pomme de terre à la confiture pour le dessert. Le soir, on déguste des pommes de terre au four que l'on accompagne d'un bon schnaps obtenu par la distillation des épluchures.

Ces dernières années, la cuisine biélorusse a souffert de l'influence occidentale. Pour accompagner les pommes de terre sautées, on propose de plus en plus des cuisses de poulet à l'américaine, que les autochtones surnomment « cuisses de Bush », ou bien des saucisses allemandes. Dans le plus célèbre restaurant de la capitale, La brasserie de Minsk, le chef recommande ses « Grandes pommes de terre blanches et pied de cochon », dans lesquelles n'importe quel Allemand reconnaîtrait l'*Eisbein*.

La cuisine biélorusse

Toutes les proportions sont établies pour quatre personnes

Un plat typique que l'on retrouve souvent sur les tables biélorusses est constitué de pommes de terre non pelées cuites au four, dites « en uniforme ». On les cuit au four ou dans la cendre.

Pommes de terre au four

Ingrédients :

8 pommes de terre moyennes
gros sel

Préparation :

Laver les pommes de terre, les piquer avec une fourchette pour éviter qu'elles n'éclatent, les frotter avec du gros sel et les faire cuire pendant 30 minutes à 180 degrés. Servir chaud avec une salade de concombre ou des cornichons, des tomates, des oignons, du beurre et des filets de harengs.

ꙮ Entrée ꙮ

Harengs et pommes de terre au four

Ingrédients :

250 g de filets de hareng
5 ou 6 pommes de terre
1 oignon
15 ml d'huile végétale
100 g de crème fraîche
1 œuf
2 cuil. à soupe de chapelure
sel

Préparation :

Éplucher les pommes de terre et les faire cuire dans de l'eau salée. Hacher les filets de hareng et l'oignon, puis les faire frire dans une poêle avec l'huile. Couper les pommes de terre en rondelles et ajouter au hareng et à l'oignon haché dans un poêlon. Mélanger la crème fraîche et l'œuf, et verser dans le poêlon. Recouvrir le plat de chapelure et enfourner pendant 10 minutes à 180 degrés. Servir chaud.

ↀ Soupe ↀ

Soupe de pommes de terre à la mode biélorusse

Ingrédients :

2 oignons
3 pommes de terre
3 cuil. à soupe d'huile végétale
sel
200 g de champignons conservés au sel
1,5 l de lait

Préparation :

Couper les champignons en fines tranches et les faire cuire 5 minutes dans le lait. Émincer les oignons et les faire dorer dans une poêle huilée. Couper les pommes de terre en cubes et les faire cuire dans de l'eau, puis les égoutter. Faire chauffer le restant de lait et le verser dans la poêle avec les champignons. Ajouter les oignons et les pommes de terre, saler et porter à ébullition.

꧁ Plats de résistance ꧂

Rôti forestier

Ingrédients :

500 g de filet de bœuf
800 g de champignons frais
4 oignons
8 pommes de terre
300 g de crème fraîche
1 cuil. à soupe de concentré de tomates
beurre

Préparation :

Éplucher les pommes de terre, les couper en tranches et les faire sauter. Émincer les oignons, les faire dorer, ajouter les champignons émincés et faire revenir le tout. Couper le filet de bœuf en cubes et faire dorer dans une autre poêle. Étaler une couche de pommes de terre sur la viande, puis de champignons aux oignons, puis à nouveau de pommes de terre. Mélanger le concentré de tomates à la crème fraîche et verser sur le plat. Faire cuire pendant 20 minutes à 220 degrés.

Pommes de terre demoiselle

Ingrédients :

1 kg de pommes de terre
2 œufs
3 cuil. à soupe de lait
3 cuil. à soupe de beurre
sel

Pour la farce :
300 g de viande hachée
3 cuil. à soupe de bouillon ou d'eau
80 g de champignons séchés
2 oignons
beurre

Pour l'omelette :
2 œufs
3 cuil. à soupe de lait
sel

Préparation :

Faire tremper les champignons 2 heures dans de l'eau, émincer en tranches fines, hacher menu les oignons avec les champignons. Faire cuire les pommes de terre pelées, les laisser sécher puis les écraser. Ajouter le beurre, le lait et les œufs, saler et mélanger le tout. Faire griller la viande hachée, ajouter le bouillon ou l'eau et laisser cuire quelques minutes à couvert. Beurrer des ramequins et y déposer successivement une couche de purée, la viande hachée, les champignons avec les oignons, puis à nouveau une couche de purée. Mélanger les œufs et le lait avec un peu de sel et verser dans les ramequins. Faire cuire 15 minutes à 220 degrés et servir avec du beurre frais.

ꟗ Dessert ꟗ

Tarte « petite patate »

Ingrédients :

300 g de pâte à biscuit
100 g de crème pâtissière (facile à réaliser avec de la poudre à pudding)
3 cuil. à soupe de cognac
2 cuil. à café de cacao en poudre
2 cuil. à café de sucre glace

Préparation :

Faire cuire la pâte à biscuit, laisser refroidir et émietter. Mélanger les miettes obtenues à la crème pâtissière et au cognac. Diviser le tout en plusieurs tas, puis pétrir comme pour former de petites pommes de terre. Réserver 30 minutes au réfrigérateur. Mélanger le cacao au sucre glace et rouler dans cette poudre les « petites patates ».

Géorgie

La Géorgie est une république du Caucase d'environ quatre millions d'habitants, de deux fois la taille de la Suisse, et l'un des plus beaux et des plus anciens pays du monde. Le vin, la musique et la prodigieuse hospitalité des Géorgiens sont légendaires. Le tempérament des Géorgiens et la beauté des Géorgiennes ont inspiré de nombreux contes, poèmes et romans. Des fouilles archéologiques récentes indiquent que le premier homme de la planète était probablement géorgien. Au VIe siècle avant Jésus-Christ, la Géorgie était une colonie grecque dont la partie occidentale s'appelait Colchide et la partie orientale Ibérie. Les Arabes l'ont envahie au VIIe siècle, puis les Turcs au XIe, les Mongols au XIIIe, ensuite les Iraniens, puis à nouveau les Turcs et plus tard les Russes. En 1936, la Géorgie est devenue une république soviétique, à la suite de quoi la gastronomie géorgienne s'est répandue de la Baltique à la Sibérie.

Après la chute du communisme, la Géorgie a été prise, comme toutes les autres républiques du Caucase, dans un nœud inextricable de querelles internes. Beaucoup de Géorgiens ont émigré en Europe. Ces dernières années, j'ai rencontré plus de Géorgiens à Berlin que pendant tout le temps où j'ai vécu en U.R.S.S. Quelques-uns étaient serveurs au Kaffee Burger, notre bar favori, d'autres ont eu besoin de notre aide pour fonder le premier journal géorgien à l'étranger, *Iberia*, et chaque soirée « disco russe » était l'occasion de connaître un peu mieux ces gens merveilleux.

Récemment, le bar s'est retrouvé particulièrement bondé. Dès minuit, on n'a plus laissé entrer personne. Mais un groupe ne s'est pas laissé décourager : un monsieur d'un certain âge vêtu d'un manteau élégant et coiffé d'un chapeau démodé, accompagné de deux hommes plus jeunes, tirés à quatre épingles, en cravate et chemise blanche.

« Tu connais la Géorgie, le pays de la danse et du vin ? m'a demandé le monsieur d'un certain âge.

— Oui, ai-je répondu. Mais je n'en connais que ce qu'on m'en a raconté.

— On vient de Géorgie, toi de Russie, on est frères, laisse-nous entrer ! a dit l'homme.

— Mais c'est plein à craquer, vous ne pouvez pas attendre un petit peu ?

— On est géorgiens, on ne peut pas attendre, a-t-il dit en pointant son index sur moi. Ici, c'est exactement l'endroit qu'on cherche, une très bonne discothèque ! a-t-il dit au videur pour l'amadouer.

— Désolé, on est pleins, je ne peux pas vous laisser entrer, a déclaré le videur.

— Écoute, a expliqué le vieux Géorgien, mes deux fils sont tombés amoureux, on doit absolument en parler tout de suite. Et je vois que vous êtes une super discothèque, que des gens intelligents. On va s'asseoir dans le coin là-bas. »

Tous trois avaient l'air tellement corrects, et qui plus est amoureux, qu'aucun videur n'aurait pu dire non.

Les trois Géorgiens se sont assis au bar et ont commandé de la bière sans alcool. Au bout d'à peine cinq minutes, les deux hommes ont sauté de leur tabouret et ont commencé à se bagarrer. La bière sans alcool giclait dans tous les sens.

Suite à l'intervention héroïque de notre videur, le trio a été mis à la porte. Dix minutes plus tard, ils étaient de retour, affichant leur plus aimable sourire.

« Ça n'arrivera plus, a assuré le monsieur d'un certain âge. Vous avez la classe ici, que des gens intelligents, la boîte parfaite pour parler sans être dérangés !

— Laisse tomber, a rétorqué le videur en secouant la tête, tu vas pas nous embobiner une deuxième fois avec tes conneries. Vous avez déjà discuté et j'ai pas compris de quoi.

— D'amour ! s'est exclamé le vieux. Mon Dieu, je suis dans de beaux draps, mes deux garçons sont tombés amoureux !

— Et alors ? Où est le problème ? a rétorqué le videur.

— Ils sont tombés amoureux de la même femme. Voilà le problème ! a expliqué le vieux.

— Et que dit la femme ? suis-je intervenu.

— Elle dit : "Je ne sais pas, vous êtes tellement géniaux tous les deux que je n'arrive pas à me décider !" Alors laisse-nous entrer, il faut qu'on en discute calmement. Je les ai à l'œil tous les deux, on se fera tout petits. »

Les deux fils ont juré sur la tête de leur père qu'ils se comporteraient correctement. Nous avons laissé entrer les amoureux. Comme auparavant, ils se sont installés au bar et ont commandé de la bière sans alcool. Moins de cinq minutes plus tard, l'un d'eux était de nouveau par terre, coincé sous son frère qui était en train de l'étrangler à mains nues ; assis sur eux, le père, furieux, le chapeau sur la tête. La flaque de bière sans alcool s'agrandissait. On a eu tout le mal du monde à séparer les amoureux et à les entraîner vers la sortie.

« Je vois que c'est une discothèque de merde ici ! a hurlé le père, sous son chapeau tout déformé par la bière sans alcool. Une discothèque nulle tenue par des nuls ! On ne peut même pas discuter ici. Autant aller tout de suite chez le Turc de la Rosenthaler Platz ! »

Là-bas, la nuit, il n'y a pas beaucoup de monde, mais beaucoup de place, du mobilier en plastique et de la vaisselle tranchante, des kebabs, pas d'alcool, même pas de la bière sans alcool. L'endroit parfait pour discuter des histoires de cœur.

Khartcho

« Tu as envie d'un truc plutôt épicé, chic ou exotique ? » m'a demandé ma femme.

Nous nous trouvions à un carrefour très fréquenté du centre de Moscou, sans pouvoir nous décider.

Autrefois, la plupart des restaurants portaient le nom de la république ou de la ville dont ils représentaient la gastronomie. Aujourd'hui, ils sont affublés de noms fantaisistes qui ne laissent rien deviner de leurs pratiques culinaires. Depuis le carrefour, nous apercevions trois enseignes : Chech-Bech, Kich-Mich et Chitto-Gritto, des restaurants qui paraissaient à la fois chic, épicés et exotiques. Nous avons choisi le dernier, qui s'est révélé être un restaurant géorgien.

« L'agneau n'est pas venu aujourd'hui, nous a annoncé le serveur moustachu en expliquant les menus à la manière typiquement géorgienne. Mais le bœuf est venu et le lapin est venu. »

Quelques instants de réflexion.

« Est-ce que le vin blanc est venu ? » a demandé ma femme.

Le serveur a haussé les épaules.

« Le vin blanc est parti avant-hier, mais le vin rouge est venu », a-t-il répondu.

Nous en voulions un peu au vin blanc d'être parti sans nous avoir attendus.

« Que nous suggérez-vous ? ai-je demandé.

— Le khartcho, a dit le serveur avec conviction. Le khartcho vient d'arriver.

— C'est comme à la gare, a remarqué ma femme, ça va et ça vient sans prévenir. »

Le serveur a ronronné amicalement sous ses moustaches. Nous avons donc commandé du khartcho et du vin rouge. C'était l'heure du déjeuner – en nouveau russe, l'heure du « business lunch » – et le restaurant était presque vide.

À part nous, il n'y avait qu'un couple dans la salle : un homme en costume-cravate accompagné d'une jeune femme brune.

« Prends ce que tu veux, a lancé d'une voix forte l'homme en costard, ce qui, au regard du tarif des plats du jour, paraissait plutôt ridicule.

— Ah, je ne sais pas trop, je vais peut-être boire un café », a dit sans grand enthousiasme la jeune femme en tournant les pages du menu.

Notre khartcho est arrivé en embaumant toute la salle.

Je savais d'expérience que cette soupe pouvait sacrément faire suer. À l'armée, les Géorgiens ne mangeaient pas de pain au petit déjeuner mais du piment que leurs familles leur envoyaient par caisses entières.

L'homme en costard nous a jeté un regard avant de lancer au serveur :

« Est-ce que le khartcho est vraiment bon ?

— Oui, vraiment bon, a répondu le moustachu, un brin agacé.

— J'allais souvent à Tiflis autrefois, a dit l'homme en costard d'un ton menaçant.

— Moi aussi, a dit le serveur en hochant la tête.

— On y mangeait un de ces khartchos, c'était une véritable bombe ! Quelle patate ça donnait ! »

La jeune femme brune écoutait poliment tandis que le serveur opinait du chef.

« Tout était mieux avant, a-t-il soupiré. Oui, vraiment. »

L'homme en costard commençait à nous taper sur le système.

« Ce n'était pas de la soupe, c'était un poème, un poème très pimenté !

— Poème, j'aime », a répété le serveur en notant quelque chose dans son calepin.

Au bout d'un moment, alors que nous avions déjà vidé nos assiettes, le serveur a apporté la commande de la table voisine.

« Voilà khartcho, attention épicé », a-t-il dit.

L'homme en costard a ricané, a pris une cuillerée, puis a sursauté comme s'il voulait bondir de sa chaise. Ce faisant, il a heurté son assiette et une partie de sa soupe s'est renversée sur son pantalon.

« Je vous avais prévenu ! » a observé le serveur.

L'homme en costard l'a regardé sans mot dire, la cuillère encore dans la bouche.

Le serveur a disparu un instant, est réapparu avec un gant de toilette et a essayé, en frottant délicatement, de faire partir le khartcho du pantalon du client. L'homme en costard s'est ressaisi, et a même réussi à adresser un sourire en coin à son invitée.

« J'aimerais parler au patron, a-t-il dit.

— Patron pas venu aujourd'hui », s'est excusé le serveur.

Le chef de rang du Chitto-Gritto, en revanche, était venu. Il paraissait très calme.

« Je me suis fait littéralement arnaquer dans votre boui-boui, lui a dit l'homme en costard. Je ne pourrai pas me rendre à mon rendez-vous d'affaires cet après-midi avec un pantalon dans cet état. Ça va vous coûter 500 dollars.

— Je suis vraiment désolé, a répondu le chef de rang, nous allons vous offrir un bon pour un dîner et vingt pour cent de réduction dans tous les restaurants de notre chaîne jusqu'à la fin de l'année. Ne me dites pas que ce n'est pas une proposition honnête !

— Je ne dis plus rien du tout ! Je veux 500 dollars, et tout de suite, ou bien vous m'appelez votre patron ! a insisté l'homme en costard.

— Il a un empêchement malheureusement, mais je vais vous chercher le directeur », a dit le chef de rang.

Le directeur, en costume et lunettes, était très poli, positif et discret. Il a proposé à nos voisins de table trente pour cent de réduction pour deux personnes jusqu'à la fin de l'année. Mais l'amateur de khartcho n'a rien voulu entendre.

« 500 dollars ou vous appelez le patron », a-t-il répété.

La tension était à son comble. Nous avions fini de manger depuis longtemps mais, pour ne pas rater le dénouement du drame, nous avons encore commandé deux verres de vin rouge supplémentaires. Les quinze minutes suivantes, il ne s'est rien passé. L'homme outré fixait le plafond, sa compagne avait fini de boire son café depuis belle lurette mais n'osait pas recommander quelque chose à l'ennemi en pareille situation. Finalement, le serveur est réapparu pour annoncer d'un air théâtral :

« Le patron est venu !

— Et le vin blanc ? Il est venu aussi ? s'est enquise ma femme.

— Malheureusement non », a répondu le serveur en souriant.

Le patron s'est révélé être un jeune homme d'une vingtaine d'années. Au lieu d'un costume, il portait une chemise hawaïenne, un jean et des bottes en cuir blanches qui lui arrivaient pratiquement jusqu'aux genoux.

« Que se passe-t-il ? » a demandé le patron au serveur.

Celui-ci lui a répondu en géorgien et nous n'avons donc saisi que quelques mots comme « khartcho », « vin blanc », et « poème-j'aime ».

« Enlève ton pantalon, a dit le patron à l'homme en costard. Tout de suite ! Je vais le laver moi-même ! »

Il avait de grandes mains puissantes. Sur l'un des poignets était tatoué « Merci maman » en caractères gras, et sur l'autre, une sirène à grosse queue presque effacée affichait un sourire pervers.

« Je vais porter plainte ! a dit l'homme en costard sans grande conviction.

— Tu peux aussi me rouler une pelle, a répondu du tac au tac le patron.

— Est-ce que c'est toujours aussi marrant chez vous ? ai-je demandé au serveur.

— Oui ! Toujours marrant ! » a-t-il dit en souriant.

Nous avons commandé un autre khartcho. Quand on va manger géorgien, il vaut mieux avoir du temps devant soi.

La cuisine géorgienne

Toutes les proportions sont établies pour quatre personnes
(Attention ! Aucun plat n'est réalisable sans noix !)

ꟈ Entrées ꟈ

Aubergines à la sauce satsivi

Ingrédients :

4 aubergines
2 oignons

Pour la sauce :
100 g de noix
2 gousses d'ail
150 ml de bouillon de légumes
1 cuil. à soupe de vinaigre
1 bouquet de persil
poivre rouge du moulin
sel
mélange d'épices séchées

Préparation :

Laver et équeuter les aubergines. Les couper en deux en longueur et laisser dégorger 2 à 3 heures. Hacher l'ail, les noix et le persil. Ajouter le sel, le poivre, le vinaigre et les épices au bouillon de légumes et bien mélanger. Incorporer la moitié de la sauce aux oignons hachés et en verser sur les aubergines. Mettre ensuite le tout dans un plat allant au four et recouvrir du reste de la sauce.

Salade de poires aux noix

Ingrédients :

8 poires
100 g de noix
2 cornichons
100 g de crème épaisse ou d'ayran

Préparation :

Couper les poires en deux et les vider. Laisser tremper les cerneaux de noix 10 à 15 minutes dans de l'eau chaude, puis enlever la peau. Hacher les noix et les mettre dans les moitiés de poire. Ajouter de la crème fraîche ou de l'ayran et décorer de quelques rondelles de cornichon.

℘ Soupe ℘

Khartcho

Ingrédients :

500 g de viande de bœuf
100 g de riz
1 cuil. à café de graisse
4 oignons
4 gousses d'ail
2 cuil. à soupe de concentré de tomates
1 cuil. à café de piment séché
poivre noir (moulu)
poivre rouge (moulu)
1 feuille de laurier
1 cuil. à café de coriandre hachée
1 racine de persil
2 cuil. à soupe de persil haché
100 g de noix
1 cuil. à soupe de farine de maïs
1 pincée de safran
1 cuil. à soupe de basilic
sel

Préparation :

Passer la viande de bœuf sous l'eau, la couper en cubes de 3 centimètres environ, et mettre le tout dans une casserole d'eau froide. Faire cuire pendant 30 minutes après ébullition. Hacher les oignons et les rouler dans de la farine. Ajouter le riz, les oignons, de la coriandre, la racine de persil, du safran, les épices séchées, le poivre rouge, et porter à ébullition 20 minutes. Retirer la casserole du feu. Ajouter les noix hachées, le concentré de tomates, le persil, le safran, le piment séché et le sel, et laisser frémir 5 minutes. Retirer la casserole du feu. Ajouter l'ail écrasé, la coriandre hachée et les feuilles de basilic à la soupe, et laisser infuser 5 minutes à couvert. Servir chaud.

ꙮ Plats de résistance ꙮ

Tolma

Ingrédients :

200 g de filet de veau
8 coings
2 cuil. à soupe d'huile
1 oignon
1 cuil. à soupe de farine
1 cuil. à café de beurre
1 cuil. à café de sucre
2 cuil. à soupe de noix
1 cuil. à café de cannelle
poivre noir du moulin
sirop de poire
sel

Préparation :

Hacher menu la viande et les lamelles d'oignon et faire revenir le tout dans un peu d'huile à la poêle. Saler, poivrer et remuer. Peler les coings, enlever le haut et les évider, puis les remplir de viande hachée. Replacer les hauts de coing à l'aide d'un cure-dent. Verser de l'eau sur le reste de la pulpe des fruits et faire cuire 5 minutes à couvert. Délayer et faire chauffer la farine et la cannelle dans le beurre, puis ajouter la pulpe de coings cuite. Dans une autre casserole, caraméliser le sucre, ajouter un peu de sirop de poire et mélanger. Retirer les cure-dents des hauts de coing et arroser de sauce.

Lobio aux œufs

Ingrédients :

800 g de haricots verts
2 oignons
4 cuil. à soupe de bouillon de légumes
200 g de beurre
8 œufs
1 poireau
1 bouquet de persil
1 bouquet d'origan
coriandre hachée
1 cuil. à café de poivre noir du moulin
sel
1 noix

Préparation :

Peler et émincer les oignons. Laver, saler et poivrer les haricots, y ajouter les oignons, et faire revenir le tout dans du beurre et un peu de bouillon. Ajouter la coriandre, le persil, l'origan, le poireau et faire frire le tout. Recouvrir des œufs battus et faire cuire au four. Décorer le plat d'une noix.

ꕤ Dessert ꕤ

Tchourtchkhéla aux noix

Ingrédients :

1,5 l de jus de raisin
200 g de noix
200 g de farine
100 g de sucre

Préparation :

Enfiler les cerneaux de noix avec un fil à coudre. Préparer le tatari (la sauce) : faire cuire le jus de raisin à feu doux durant 4 heures, ajouter régulièrement du sucre tout en mélangeant. Laisser refroidir à 50 degrés et ajouter la farine en mélangeant. Réduire encore la préparation à feu doux jusqu'à obtenir une masse épaisse. Tremper le collier de noix trois fois dans le tatari à 5 minutes d'intervalle. Accrocher la tchourtchkhéla en collier et la laisser sécher au soleil jusqu'à ce qu'elle ne soit plus collante. Placer le produit fini dans un torchon et le laisser s'affiner deux à trois mois. Une fois affinée, la tchourtchkhéla doit rester molle, recouverte d'une légère couche de sucre glace.

Ukraine

L'Ukraine est un pays d'Europe orientale, coincé entre la Pologne et la Russie, un peu plus grand que la France mais beaucoup moins peuplé. À l'ouest dominent les montagnes, au nord la forêt, et au sud deux mers et des champs de tomates, de pommes de terre et de betteraves. Les grandes forêts d'Ukraine grouillent encore de gibier : des cervidés, des lièvres et des sangliers qui, avec le blé, les tomates et les pommes de terre, sont la marque de fabrique de la cuisine ukrainienne.

L'histoire de l'Ukraine est étroitement liée à celle de la Russie. Au XIe siècle, la capitale actuelle de l'Ukraine était le centre de l'État russe avant l'invasion mongole. Après l'invasion, une partie de l'Ukraine est allée à la Pologne et une autre à la Lituanie. Plus tard, une autre partie est devenue autrichienne et une autre russe, et plus tard encore d'autres régions ont à leur tour changé de nationalité. On aurait dit que la partition du territoire ukrainien était devenue le sport favori des monarques européens.

En 1917, après la révolution d'Octobre, l'Ukraine a été le principal champ de bataille de la guerre civile. Dans le même temps, un grand mouvement d'indépendance est né. Quasiment tous les villages se sont mis à revendiquer leur autonomie. Des armées blanches, rouges et vertes ont traversé et pillé le pays de part en part, sans compter l'armée de l'empereur allemand, l'armée polonaise, les anarchistes, les bandes de paysans autonomes, l'armée de libération d'Ukraine occidentale et même une brigade cosaque enragée qui a fait couler beaucoup de sang dans les campagnes ukrainiennes. Les partis les plus différents ont signé les pactes les plus fous, les alliés d'antan se sont montés les uns contre les autres, les ennemis d'hier se sont coalisés. Les rapports de force s'inversaient pratiquement tous les jours.

Comme dans toute guerre, c'étaient les bandits qui avaient le plus de succès. Leur arme préférée durant la guerre civile était la fameuse tatchanka : une mitrailleuse fixée sur une charrette, un mélange d'engin de fuite et de défense. Avec cinq tatchankas, on pouvait déclarer l'indépendance d'un village et, dans le doute, aussi disparaître dans les steppes. À la fin de la guerre civile, l'Ukraine a été intégrée à l'Union des républiques socialistes. Elle jouait désormais un rôle majeur dans l'agriculture de l'U.R.S.S., chargée entre autres de la production de tomates et de blé.

À partir de ce moment-là, l'Ukraine est partie à la dérive. Elle ne cessait de s'agrandir. Avant la Deuxième Guerre mondiale, elle a annexé la Galicie, et après la guerre, le nord de la Bucovine, la Bessarabie et la Ruthénie. En 1954, le gouvernement soviétique sous la direction du secrétaire général Krouchtchev, lui-même ukrainien, a confié la presqu'île de Crimée à la Fédération ukrainienne.

La cuisine ukrainienne nourrissait quasiment tout l'Empire socialiste, on l'appelait « *chitnitza* », le garde-manger du pays. Le plus étonnant dans leur cuisine était, et est toujours, l'art de pouvoir concocter des plats délicieux avec trois fois rien. Un morceau de lard, un oignon, du pain et un peu de schnaps, et l'affaire est dans le sac.

Quand j'étais enfant, mes parents m'envoyaient chaque été chez ma grand-mère à Odessa. Je devais me refaire une santé, laisser souffler mes parents et, en même temps, les représenter en allant voir leurs nombreux cousins. Mais je n'avais aucune envie de rendre visite à la famille. Le matin, je prenais le bus pour la plage et passais l'après-midi à manger sur le balcon avec ma grand-mère.

Odessa était certes une station balnéaire appréciée des touristes, un peu comme Nice, mais le charme et le luxe en moins. Les magasins de la ville, à l'époque, étaient tristement vides, victimes du système de ravitaillement socialiste défaillant. Tout le monde faisait ses courses au marché. En plus, les paysans des kolkhozes des environs débarquaient tous les jours avec leurs camions et proposaient les produits de la récolte du jour : de minuscules pommes de terre nouvelles et d'énormes tomates violettes de la variété « noire de Crimée ».

Quand l'un de ces camions passait devant chez nous en klaxonnant, les gens se précipitaient dehors avec leurs paniers et négociaient les prix avec une ardeur qui aurait été bienvenue en d'autres circonstances. Le soir venu, tous les habitants s'installaient sur leurs balcons, faisaient frire leurs pommes de terre nouvelles avec du lard sur de petites plaques électriques, accompagnées de tomates « noire de Crimée » et de vin.

Toute la maison embaumait, grésillait et crépitait comme le lard dans la poêle. Tout en surveillant la cuisson, les voisins conversaient de balcon à balcon. Les Odessiens étaient ouverts et enjoués, on aurait dit des enfants. Quand j'allais à la plage ou que je me promenais en ville, des inconnus m'adressaient souvent la parole. Leurs questions n'avaient aucun sens pratique. Le chauffeur du bus me demandait soudain si j'avais vu le film diffusé la veille sur la première chaîne. Et la contrôleuse me demandait ce que je pensais de la récolte de l'année. Un jour, un inconnu m'a dit dans la queue que je ressemblais à son frère décédé il y avait longtemps et voulait savoir ce que j'en pensais. C'étaient des questions étranges, inconcevables à Moscou.

Sur les balcons, c'était pareil, ils étaient incapables de se taire.

« Vous avez déjà lu le journal du soir ? lançait, par exemple, quelqu'un au premier étage.

— Non, pas encore. Qu'est-ce qu'il y a dedans ? » répondait une voix du cinquième.

Sur ce, tout l'immeuble avait droit à un résumé du journal du soir. Puis l'on distribuait les fruits achetés l'après-midi dans des paniers qui allaient de balcon en balcon. Les Odessiens ont toujours été particulièrement fiers de leurs fruits. Chaque été, les abricots, les cerises et les pommes se vendaient par seaux entiers sur les marchés, à des prix dérisoires.

En avril 1986, le territoire ukrainien a été le théâtre de l'une des pires catastrophes du XXe siècle : l'accident nucléaire de Tchernobyl. Ç'a été la fin de l'engouement pour les fruits. Un an après le décès de ma grand-mère. Depuis, je n'ai plus jamais remis les pieds à Odessa.

Les singularités du mariage ukrainien

« Mais la cuisine ukrainienne, ce n'est pas du tout ça ! » s'est énervée ma voisine Genia quand je lui ai parlé des pommes de terre nouvelles sur les balcons d'Odessa.

Genia habite en Allemagne depuis plus de dix ans, mais elle ne s'est pourtant pas encore totalement intégrée. Au lieu d'aller comme tous les Allemands en vacances à Majorque, à Ténérife ou en Inde, elle préfère passer tous ses congés chez ses grands-parents dans un petit village de l'ouest de l'Ukraine qui s'appelle Sagorov, « au fin fond de la montagne ».

Genia elle-même a grandi dans la ville industrielle de Kharkov, où la cuisine ukrainienne n'était pas forcément présente. Nous en avons discuté : les gens de Kharkov mangeaient exactement la même chose que les Russes dans les grandes villes. Au jardin d'enfants, il y avait de la kacha (bouillie de sarrasin), de la tarte au fromage et des saucisses avec de la purée de pommes de terre. Plus tard, à la cantine scolaire et au restaurant universitaire, des boulettes et de la morue. Mais, selon Genia, à la campagne, dans le village de Sagorov où les gens grignotent aussi bien des oignons que des pommes au petit déjeuner, les vieilles recettes secrètes de la cuisine ukrainienne seraient encore pratiquées.

Le village de sa grand-mère est bien protégé contre la mondialisation et la civilisation. Il n'y a pas d'aéroport, ni de ligne ferroviaire, ni de bus pour s'y rendre. Il ne figure même pas sur la carte et n'est cité dans aucun guide touristique. Seuls quelques autochtones connaissent le chemin qui y mène, à travers la forêt et les champs. Un étranger n'aurait aucune chance de trouver ce village à moins qu'un habitant ne vienne le chercher en tracteur à la gare de Lougansk.

Au quotidien, les autochtones n'ont pas le temps de préparer des plats savoureux. Ils doivent planter des patates et des tomates, traire les vaches et donner à manger aux cochons. Leur cuisine nationale ne se montre dans toute sa splendeur que lors des célébrations de la vie sociale : les mariages et les enterrements.

Tous les ans, en été, les Ukrainiens sont pris d'une envie irrépressible de fonder une famille. Chaque semaine, on célèbre un mariage qui, en hiver, finit par un divorce. Ici, on meurt rarement, et quand c'est le cas, en général c'est de mort violente. La plupart des habitants croient au pouvoir fortifiant des oignons au petit déjeuner, et tant qu'ils y croient, ça marche.

L'événement le plus important en Ukraine culinairement parlant, c'est le mariage, une dure épreuve pour tout le clan. Les règles pour la préparation de ce genre d'événement sont très strictes. S'il rassemble moins de quatre cents invités, le mariage passera totalement inaperçu et ne sera pas reconnu. Chaque ménage se doit de disposer d'assez de vaisselle pour au moins deux cents convives, sinon il court le risque de ne jamais trouver d'époux ou d'épouse pour sa progéniture. D'accord, les assiettes et les tasses ukrainiennes ne sont pas décorées avec autant de raffinement qu'en Europe. Il suffit de posséder une assiette creuse, une fourchette et un verre à schnaps par personne. Parfois encore, une cuillère. Mais quand on attend tout un bataillon d'invités, même le plus aimable des hôtes peut être débordé.

Dès que la date du mariage est fixée, toutes les femmes du village se réunissent pour se répartir les tâches : qui va cuire le pain, qui va faire le boudin, qui va préparer la « svechanka », de la viande sautée aux oignons. Pour l'occasion, on tue deux cochons qu'on découpe et transforme entièrement, même la peau, en charcuterie. Avec les pommes de terre, on fait des « dranikis », de petites galettes que Genia prenait pour des spécialités ukrainiennes jusqu'à ce qu'elle en aperçoive derrière la vitrine d'une buvette de la gare de Cologne. Elle n'a toujours pas compris comment les dranikis s'étaient retrouvés en Rhénanie du Nord. Apparemment, il existait au Moyen Âge une sorte de passerelle culturelle entre les deux pays. En revanche, les Ukrainiens ne mangeraient jamais leurs galettes avec de la compote de pomme à l'instar des Rhénans, mais avec de la smetana (de la crème fraîche épaisse et maigre).

Un mariage ukrainien se déroule toujours en plein air. On aligne des tables et des bancs en une longue enfilade. D'abord, on amène l'eau-de-vie maison par bouteilles de deux litres, qu'on sert avec des tomates séchées, des cornichons et, tout droit sortie du four, une « polaniza », un pain d'environ 50 centimètres de diamètre dont chacun se sert un énorme morceau avec les doigts.

On commence par porter un toast en souhaitant longue vie et plein de bonheur aux mariés, puis on mange jusqu'à n'en plus pouvoir. Tout ce que le clan des femmes a savamment concocté des jours durant doit être ingurgité par les invités jusqu'à la dernière miette.

Les mariages ukrainiens ne comportent en général qu'un seul repas, mais celui-ci peut durer jusqu'à trois jours. Il ne peut être interrompu que par des toasts ou de courtes bagarres qui surviennent à intervalles réguliers. Entre-temps, on danse et on chante. En général, les agapes sont accompagnées par un orchestre qui répète inlassablement les mêmes ritournelles. Chaque année, l'Ukraine sort un nouveau tube de mariage. En ce moment, c'est une ballade populaire qui porte le titre alambiqué de « La fumée de tes cigarettes mentholées ». L'année prochaine, ce sera sûrement autre chose. En attendant, jeunes et vieux entonnent ensemble ce refrain :

Tu es avec un autre je ne te vois plus
Pour t'oublier je fréquente des inconnues
Quand sur leurs lèvres je dépose un baiser
Je pense à ton image
À la fumée de tes cigarettes mentholées
Qui m'enveloppe comme dans un nuage
Yeah, yeah, yeah !

La cuisine ukrainienne

Toutes les proportions sont établies pour quatre personnes
(Attention à l'ail!)

ꙮ Entrées ꙮ

Betterave rouge à l'ail

Ingrédients :

600 g de betteraves rouges
1 oignon
1 concombre ou cornichons
4 gousses d'ail
100 g d'huile ou de mayonnaise
1 cuil. à café de vinaigre
sel
poivre

Préparation :

Variante 1 :
Laver et cuire les betteraves rouges. Les laisser refroidir et les peler. Les couper en petits dés. Hacher l'ail et l'oignon, et arroser d'un filet de vinaigre. Mélanger la préparation aux dés de betterave et arroser d'huile.

Variante 2 :
Râper les betteraves rouges, ajouter l'ail écrasé, mélanger avec de la mayonnaise et décorer avec des rondelles de concombre ou de cornichon.

Tomates à l'ail

Ingrédients :

6 tomates
4 œufs
fines herbes

Pour l'assaisonnement :
6 gousses d'ail
1 cuil. à soupe de vinaigre
2 cuil. à soupe d'eau
1 cuil. à soupe de sucre
½ cuil. à café de sel

Préparation :

Faire cuire les œufs, les écaler et les couper en tranches. Découper les tomates en tranches. Répartir les tomates et les œufs sur un plat en alternant une tranche de tomate et une tranche d'œuf.
Peler l'ail, l'écraser avec le sel, ajouter le sucre, l'eau et le vinaigre, puis mettre au frais. Arroser les tomates et les tranches d'œufs de l'assaisonnement et décorer avec les fines herbes hachées.

ꕤ Soupe ꕤ

Bortsch

Ingrédients :

500 g de gîte de bœuf
4 pommes de terre
400 g de chou blanc
1 betterave rouge
100 g de concentré de tomates
100 g de crème fraîche
légumes pour pot-au-feu
1 oignon
20 g de lard
4 gousses d'ail
1 cuil. à soupe de beurre
1 cuil. à soupe de farine
1 feuille de laurier
persil haché
vinaigre
sel et poivre

Préparation :

Faire cuire la viande dans de l'eau bouillante. Émincer les légumes de pot-au-feu et la betterave en fins bâtonnets. Hacher l'oignon très fin. Faire revenir la betterave rouge avec le concentré de tomates, le vinaigre et un peu de bouillon de viande. Faire revenir les légumes de pot-au-feu dans le beurre, ajouter la farine, faire revenir 5 minutes, ajouter un peu de bouillon et porter à ébullition. Retirer la viande et la couper en petits dés. Couper les pommes de terre en dés, hacher grossièrement le chou blanc. Ajouter les pommes de terre, le chou blanc et la betterave rouge au bouillon, saler, poivrer et faire cuire 15 minutes. Ajouter les légumes pour pot-au-feu, la feuille de laurier, la viande, poivrer et laisser mijoter encore 15 minutes. Retirer du feu. Couper le lard en dés, hacher l'ail et l'ajouter au bortsch, laisser reposer pendant 20 minutes. Servir avec un nuage de crème et du persil haché.

ꕥ Plats de résistance ꕥ

Cochon de lait farci

Ingrédients :

1 cochon de lait
1 oignon
1 carotte
2 cuil. à soupe de chapelure
persil
sel
poivre
noix de muscade

Pour la farce :
800 g de viande hachée
200 g de lard fumé
8 œufs
300 ml de lait
50 ml de cognac

Préparation :

Mettre la viande hachée dans un saladier. Ajouter le lait, les œufs et le lard coupé en petits dés, saler et poivrer. Ajouter la noix de muscade et le cognac, puis mélanger. Ouvrir le cochon de lait par le ventre. Retirer les côtes et la colonne vertébrale, remplir de farce. Refermer le ventre avec du fil à coudre et envelopper le porcelet dans une étamine. Placer le cochon dans une casserole avec les os et couvrir d'eau. Ajouter l'oignon pelé, la carotte et le persil, porter à ébullition, saler et poivrer, puis laisser mijoter durant 2 heures. Sortir la momie, enlever les bandelettes et la disposer comme un cochon couché sur une tôle. Saupoudrer le plat de chapelure et cuire jusqu'à ce que la croûte soit dorée.

Rudelki

Ingrédients :

500 g de viande de poulet
2 œufs
2 cuil. à soupe de farine
50 g de beurre
sel
poivre

Pour l'omelette :
6 œufs
2 oignons
4 gousses d'ail
100 ml de lait
sel

Préparation :

Hacher menu la chair du poulet, y ajouter les œufs, le sel et le poivre, bien mélanger. Former de petites boulettes, les rouler dans la farine et les faire frire des deux côtés à la poêle. Placer dans un plat beurré allant au four. Battre les œufs avec le lait, hacher l'ail et les oignons, saler, mélanger et verser sur les boulettes. Faire cuire pendant 10 minutes au four à 180 degrés.

Roulé de poisson « le secret »

Ingrédients :

400 g de filets de poisson blanc
50 g de lard
2 cuil. à café de vinaigre
4 gousses d'ail
2 cuil. à café de gélatine
sel
raifort

Préparation :

Frapper le poisson pour l'attendrir, saler et arroser de vinaigre et laisser mariner 2 heures. Saupoudrer de l'ail haché et de la gélatine sèche, et laisser reposer encore 1 heure. Déposer le filet préparé sur du papier sulfurisé, disposer de fines tranches de lard par-dessus et lier avec du fil à coudre. Faire cuire 1 heure à la vapeur, laisser refroidir le plat, puis dérouler. Servir avec du raifort.

ꟾ Dessert ꟾ

Varénikis au kirsch « Ukraine indépendante »

Ingrédients :

Pour la pâte :
600 g de farine
1 œuf
130 ml de lait
1 cuil. à café de sel
2 cuil. à café de sucre
crème fraîche

Pour la farce :
800 g de cerises griottes
(fraîches ou en conserve)
1 cuil. à soupe de fécule
sucre

Préparation :

Préparer une pâte en mélangeant la farine, l'œuf, le lait, le sel et le sucre. Couvrir la pâte d'un torchon et réserver 40 minutes. Laver les cerises fraîches et les dénoyauter. Les saupoudrer de sucre et de fécule, et laisser reposer 4 heures. Rouler la pâte jusqu'à obtenir une épaisseur de 2 millimètres et presser un verre dessus pour découper des ronds à l'emporte-pièce. Placer la farce au milieu, rabattre les côtés et les plonger dans de l'eau bouillante salée. Attendre que les varénikis remontent à la surface, c'est le signe qu'ils sont à point. Retirer les varénikis de l'eau. Servir chaud ou froid accompagné de crème fraîche.

Azerbaïdjan

L'Azerbaïdjan est un État d'Asie mineure bordant la mer Caspienne, à peu près aussi grand que la Bavière, mais sans buveurs de bière et avec plus de jours ensoleillés dans l'année. Au nord, l'Azerbaïdjan a une frontière commune avec la Russie, au sud avec l'Iran, à l'ouest avec l'Arménie. Pendant la période soviétique, l'Azerbaïdjan était une république multinationale : Arméniens, Géorgiens, Russes, Kurdes et Ukrainiens y cohabitaient paisiblement. Dans les cours d'immeubles, les voisins se réunissaient souvent autour d'une table pour faire griller tout ce qui leur tombait sous la main : de la viande, du poisson, des légumes. Dans les salons de thé, les autochtones buvaient du thé fort dans de petits verres et grignotaient des pains de sucre réduits en miettes avec une pince. La jeunesse progressiste de Bakou fréquentait l'Intourist et le restaurant Le pétrolier, où Black Gold, un groupe de heavy-metal arméno-azerbaïdjanais, jouait parfois. On exportait du thé, de la confiture et du porto Agdam produit dans la ville azérie du même nom, dans toutes les républiques de l'Union soviétique. Le thé et la confiture d'Azerbaïdjan étaient des produits de qualité très recherchés, et l'Agdam la boisson préférée des alcooliques : aussi peu onéreuse que la limonade et aussi forte que la vodka. Vous étiez déjà par terre au bout d'un verre.

Après la chute de l'U.R.S.S., l'internationalisme azerbaïdjanais téléguidé d'en haut n'avait plus les moyens de résister face aux nouveaux « nationaux-démocrates ». La région a sombré dans la violence, dans de petites comme dans de grandes guerres civiles. Le plus grand foyer de conflit se trouvait entre l'Azerbaïdjan et l'Arménie et s'appelait Karabagh, « la montagne noire ». Là-bas, la majorité de la population était d'origine arménienne, mais le pays appartenait depuis les années 20 à l'Azerbaïdjan. Comme dans tout conflit sérieux où il s'agit de réparer les injustices de l'Histoire, les deux parties avaient raison et n'ont reculé devant rien pour faire valoir leurs droits. Le terrorisme, la déportation, les massacres de populations civiles, des prises d'otages et une guerre de deux ans ont transformé ces paysages autrefois idylliques en terre brûlée. Le Front populaire azerbaïdjanais, l'Armée nationale arménienne et l'Armée de libération du Karabagh se sont livrés à une telle boucherie que bientôt, les seules personnes à se balader dans les rues portaient toutes un uniforme. Entre les deux adversaires, il n'y avait guère que l'armée soviétique, qui avait reçu l'ordre strict de protéger le droit à la démocratie et à l'autodétermination des peuples. Sa mission était d'apaiser les affrontements, mais sans faire usage des armes. Des ordres contradictoires difficiles à mettre en œuvre, mais qui ont sans doute permis d'éviter un bain de sang plus grand encore.

Dans ce conflit, l'armée soviétique est restée neutre. Elle faisait très rarement feu, sauf quand elle avait reçu beaucoup d'argent de l'une des deux parties pour le faire ou bien quand, comme un jour dans la célèbre ville vinicole d'Agdam, des soldats soviétiques avaient été poussés sous un train par les combattants du peuple.

Une fois la paix revenue, comme après toute guerre menée au nom de la justice, la vie dans la région est devenue encore plus chaotique. Dans les années 90, l'Azerbaïdjan a connu un destin politique assez turbulent, entre des chefs putschistes, des présidents en fuite et des tribuns populaires s'évadant continuellement de prison pour y retourner peu après.

Malgré ces mésaventures, l'Azerbaïdjan est resté fidèle à sa tradition. Les dirigeants sont restés les mêmes que durant la période soviétique et le président est l'ancien premier secrétaire du parti communiste. Son parti s'appelle « Azerbaïdjan nouveau », mais sa physionomie ressemble beaucoup à l'ancien.

Les Arméniens, les Russes, les Ukrainiens et même beaucoup d'Azéris ont quitté la république. Les liaisons ferroviaires vers le nord et l'ouest ont été interrompues, les rails enlevés, des céréales poussent désormais sur les voies, et l'on peut difficilement s'imaginer un groupe de heavy-metal se produire aujourd'hui à Bakou. La cuisine azérie est néanmoins restée très présente et appréciée jusqu'à aujourd'hui en Russie. En hiver surtout, les Moscovites aiment aller manger azerbaïdjanais, principalement pour le délicieux thé servi dans de grandes théières accompagné de confiture de cerises blanches et que, comme autrefois, on ne sait préparer correctement que sur les bords de la mer Caspienne.

Lula kebab

D'aucuns peuvent penser que toutes ces recettes régionales sont de la rigolade pour l'estomac – à peine mangées, déjà oubliées. Mais je suis bien placé pour savoir que la consommation d'un plat national peut avoir des répercussions sur une vie entière. Un ami que j'ai rencontré lors d'une de mes lectures en Allemagne de l'Est m'a un jour raconté à quel point le plat azéri « lula kebab » a eu la vertu de le remettre, lui, l'étudiant anarchiste qu'il était, dans le droit chemin.

Au temps de la R.D.A., Léo avait passé un semestre d'échange à Bakou. Il devait fréquenter l'Institut du pétrole pour tout apprendre sur le raffinage et le transport de cette matière. Il s'en était incroyablement réjoui. Autrefois, les étrangers étaient les bienvenues en Azerbaïdjan, comme dans toute l'U.R.S.S. En tant que jeune étudiant allemand, il jouissait du respect de ses camarades, et ses professeurs lui accordaient une attention toute particulière. Il avait acquis un statut privilégié à l'institut, sans avoir strictement rien fait pour l'obtenir. Léo en était ravi, il se voyait plutôt en doux aventurier et en bourreau des cœurs qu'en bûcheur. Et puis de toute façon, il n'y avait pas de pétrole en R.D.A.

Léo menait une vie d'étudiant des plus agréables, il allait à la plage, au restaurant, en discothèque, et remerciait Dieu et Honecker de lui avoir procuré cette place au soleil. Au bout d'un mois, il fit la connaissance de Leïla, une jeune fille un peu ronde aux cheveux noirs et aux yeux noisette. Elle venait d'avoir son bac, avait trois ans de moins que lui et fréquentait la classe préparatoire de l'Institut du pétrole. Malgré leur manque de vocabulaire commun, une idylle était née entre eux deux. Leïla aimait flirter avec Léo, lui l'invitait au cinéma, elle refusait sous prétexte que son père était très sévère et que, s'il l'apprenait, l'étudiant allemand se ferait couper la tête encore plus vite que Hadji Murad. C'était aussi pour cette raison qu'ils ne devaient pas être vus ensemble à la cafétéria, car ils y rencontreraient sûrement des gens qui connaissaient son père. Ils ne pouvaient pas non plus aller à la plage. Quant à la raccompagner chez elle, ce n'était même pas la peine d'y penser. Ils restaient donc des heures assis sur un banc derrière l'institut, séchaient les cours et échangeaient des baisers furtifs. C'était ce côté aventureux qui plaisait particulièrement à Léo. Il se sentait comme Roméo au Caucase, risquant sa vie aux côtés de Leïla si son père venait à les apercevoir. Tout de même, ces traditions d'un autre âge qui empêchaient les jeunes filles de sortir l'irritaient profondément.

Leïla n'en parlait pas. Un jour, elle l'invita chez elle, à un repas de famille. Son père cuisinerait du lula kebab et elle voulait profiter de l'occasion pour le présenter à ses parents. S'attendant à de véhémentes remontrances, Léo s'était préparé à une discussion pédagogique avec le père, pour lui expliquer que les choses avaient changé depuis le Moyen Âge et que les jeunes avaient besoin de plus de liberté pour développer leur confiance en eux.

Leïla habitait à la périphérie de la ville dans une grande et vieille maison à la cour bétonnée entourée d'un haut grillage. C'était exactement ainsi que Léo s'était imaginé le foyer d'esprits rétrogrades. Le père s'avéra tout à fait aimable et accueillant. Il souhaita la bienvenue à Léo. Pendant le repas, ce dernier fit la connaissance de toute la famille, tous très gentils et polis : la mère Nargis, le père Vagis, les frères Tofik, Aïdim et Elchin. Ici, la cuisine était manifestement une affaire d'hommes. Ils étaient tous assis autour d'une grande table. Le père roulait des boulettes de viande hachée dans de la farine, les faisait frire un instant dans la poêle et les déposait dans une assiette remplie d'adjika, une sauce tomate très épicée. La première portion était toujours réservée à l'invité, puis c'était le tour de la famille. Ce faisant, le père commença à l'interroger sur ses projets d'avenir et la situation économique de la R.D.A.

Léo peinait à se concentrer sur les questions du père, tout ce qu'il pouvait répondre se résumait à des « hm-hm » et des hochements de tête. Tout ça à cause du lula kebab. Au bout de trois assiettées, Léo était rassasié, la bouche encore pleine, tout en se demandant comment freiner la convivialité débordante du père sans paraître impoli. Mais à chaque fois qu'il disait quelque chose sur le repas, le père, enchanté, lui resservait une double portion. Leïla lui avait dit que les repas de famille étaient une sorte de cérémonie sacrée. Ses rudiments de russe ne lui donnaient malheureusement pas la formule magique pour faire cesser la grande bouffe. Léo dit d'abord « C'était vraiment très bon » en s'essuyant les mains, cela ne marcha pas. Il reçut encore une assiette supplémentaire. Il tenta ensuite ceci : « Je crois que plus rien ne passe. » Il ne récolta qu'un sourire indulgent et une autre portion.

En tant que représentant de la R.D.A. à l'étranger, Léo se devait de ne pas perdre la face. Ayant confiance en son destin, il continua de manger. Au bout d'une heure, il se sentit ballonné et avait du mal à bouger, il était effrayé à l'idée de devoir traverser toute la ville pour rentrer chez lui. Mais il avait passé l'épreuve haut la main. Le père avait l'air très satisfait de lui et proposa à Léo de passer la nuit chez eux. Normalement, la chambre d'amis n'était réservée qu'aux plus proches parents. C'était donc un grand honneur.

La nuit, impossible de s'endormir. Le lula kebab se tournait et se retournait dans son estomac en émettant des gargouillis incroyables. En regardant les étoiles par la fenêtre, Léo se demanda ce qu'il faisait là, à des milliers de kilomètres de chez lui, à jouer les Roméo du Caucase. Il se leva dans le noir, et se mit en quête de toilettes. Toutes les portes étaient identiques, et toutes étaient fermées. Il se promena un moment avant de tomber sur une petite porte entrouverte. Enfin, pensa-t-il en entrant à tâtons à la recherche d'un interrupteur. Soudain, son pied buta sur quelque chose, Léo perdit l'équilibre et s'étala sur une masse molle et vivante qui sentait bon. Ce ne sont certainement pas les toilettes, pensa-t-il en s'apprêtant à s'excuser. Mais une seconde plus tard, on allumait la lumière, dehors le chien aboyait et Léo était assis en slip sur le lit de Leïla. Sur le seuil de la porte, la mère Nargis, le père Vagis et les trois frères Tofik, Aïdim et Elchin le fixaient, fusils à la main.

Contrairement au drame de Shakespeare, cette histoire ne s'est pas terminée par un bain de sang. Léo et Leïla sont mariés et heureux en ménage depuis quinze ans. Ils ont deux enfants et habitent à Chemnitz. Léo est conseiller fiscal et assureur. Leïla est femme au foyer et élève les enfants. Une fois par an, en été, quand la famille de Bakou leur rend visite, le père fait frire, dans la cuisine, du lula kebab qui embaume toute la maison, et tous les voisins les envient. Léo aime beaucoup sa belle-famille, mais leur plat préféré l'a rendu végétarien.

La cuisine azerbaïdjanaise

Toutes les proportions sont établies pour quatre personnes

ꟃ Entrées ꟃ

Salade chkinsti

Ingrédients :

6 tomates
1 concombre
1 poivron
ciboulette
coriandre fraîche
basilic
1 cuil. à soupe de vinaigre de vin
oignons
poivre noir (moulu)
sel

Préparation :

Laver les tomates, le concombre et le poivron. Évider le poivron. Couper les légumes en morceaux, hacher les herbes et les oignons, arroser de vinaigre, saler, poivrer. Terminé.

Kuku vert

Ingrédients :

ciboulette
coriandre fraîche
aneth
2 bouquets d'épinards frais
8 œufs
100 g de beurre
oignons
sel

Préparation :

Faire revenir les oignons émincés avec les herbes hachées et les épinards, saler. Recouvrir des œufs battus et faire cuire 10 minutes au four. Couper le kuku en forme de losange et l'arroser de beurre fondu. Servir chaud ou froid.

ꕤ Soupe ꕤ

Toug Charba

Ingrédients :

400 g de chair de poulet
1,2 l d'eau
100 g de riz
2 oignons
2 cuil. à soupe de petits pois
4 mirabelles
1 bouquet de coriandre
1 cuil. à café de safran
1 cuil. à café de menthe séchée
sel

Préparation :

Laver et faire cuire le poulet dans de l'eau bouillante. Réserver. Arroser le riz d'eau froide et laisser gonfler pendant 2 heures. Mettre un peu de safran dans 100 millilitres d'eau bouillante et laisser bouillir pendant 20 minutes. Égoutter le riz, l'ajouter au bouillon de poulet avec les oignons hachés. Au bout de 30 minutes, ajouter les petits pois, les mirabelles, la sauce au safran et le sel, et laisser mijoter pendant 10 minutes. Séparer la viande des os, couper en petits morceaux et mettre dans la casserole avec la coriandre hachée. Réchauffer. Décorer le plat de menthe hachée.

Plats de résistance

KUKU D'AGNEAU

Ingrédients :

200 g de filet d'agneau
2 cuil. à soupe de beurre
3 pommes de terre
2 œufs
1 oignon
1 bouquet de coriandre
1 bouquet d'aneth
1 cuil. à café de cannelle
poivre noir (moulu)
sel

Préparation :

Faire cuire le filet d'agneau dans un bouillon, le couper en lamelles et le placer dans une poêle beurrée. Faire cuire les pommes de terre à la vapeur, les peler et les couper en tranches. Émincer l'oignon, et répartir les lamelles sur la viande et les pommes de terre. Mélanger les œufs battus avec les herbes hachées et les verser sur la viande et les pommes de terre. Assaisonner de sel, de cannelle et de poivre, puis enfourner environ 10 minutes. Servir chaud.

Fisindjan

Ingrédients :

200 g de haricots rouges
200 g de noix
3 oignons
100 g de beurre
1 cuil. à café de vinaigre
2 bouquets de coriandre
poivre noir (moulu)
sel

Préparation :

Hacher les haricots rouges cuits avec les noix. Hacher finement deux oignons, les faire revenir dans le beurre et les ajouter aux haricots. Saler, poivrer, arroser de vinaigre et mélanger. Décorer de coriandre et de lamelles d'oignon.

ꟸ Dessert ꟹ

Kaisaba

Ingrédients :

200 g d'abricots secs
2 cuil. à soupe de beurre
100 g de mirabelles
100 g de jus de grenade
2 cuil. à soupe d'eau
1 cuil. à soupe de sucre

Préparation :

Faire frire les mirabelles dans le beurre jusqu'à ce qu'elles rejettent du jus. Ajouter les abricots séchés et laisser cuire jusqu'à obtenir une croûte dorée. Ajouter le jus de grenade, le sucre et l'eau, et porter à ébullition. Servir chaud ou froid.

SIBÉRIE

L'intérêt prononcé, voire maladif, des Allemands pour la Sibérie m'étonnera toujours. Leur fascination pour cette région égale presque celle des Russes pour Paris. Aux yeux de mes compatriotes, Paris est non seulement une métropole européenne, mais aussi la parfaite antithèse de leur propre quotidien, où à l'aspiration ardente au beau se mêle l'angoisse que l'autre peut inspirer.

« D'où venez-vous ? De Sibérie ? » me demandent surtout les personnes âgées.

Quand ils apprennent que je viens de Moscou et non de Sibérie, la conversation perd tout intérêt pour eux. Aucun autre pays au monde ne produit autant de documentaires sur la magie des paysages sibériens que l'Allemagne, et ce, depuis des décennies. Ils ne s'en lassent jamais. Chaque année à l'époque de Noël, le téléspectateur allemand embarque pour un voyage imaginaire dans la taïga. Avec une tasse de vin chaud et une couverture sur les genoux, la traversée de la Sibérie est très agréable. Et grand-papa aura sûrement plein de choses à raconter.

Pareil chez les éditeurs. Dès qu'un livre sur la Sibérie paraît quelque part dans le monde, peu importe qu'il s'agisse d'un roman d'amour ou d'un article scientifique sur une expédition de prospection minière, l'œuvre est immédiatement traduite en allemand. Aucun autre peuple au monde n'a publié davantage de livres sur la Sibérie. L'écrivain Heinz Konsalik, à lui seul, a plus écrit sur la taïga dans les années 60 et 70 que l'ensemble de l'association des écrivains soviétiques. Chaque année, Konsalik arrivait en tête des best-sellers avec des tirages qui feraient pâlir n'importe quel Harry Potter : *La Roulette sibérienne, Les Damnés de la taïga, Une croix en Sibérie, L'express transsibérien, Natalia une fille de la taïga,* etc. Mes amis de Moscou, au retour d'une de leurs échappées estivales dans la taïga, m'ont raconté n'avoir jamais rencontré autant de touristes allemands que l'année dernière autour du lac Baïkal.

Les vacanciers russes qui ont soif d'aventures évitent plutôt les destinations locales. Ils préfèrent s'envoler pour les Canaries, l'Égypte ou la Tunisie à un tarif russe extra-avantageux plutôt que d'aller nourrir les gros moustiques de Sibérie. Autour du lac Baïkal, on retrouve donc principalement des groupes de touristes étrangers : des Américains, des Hollandais, mais surtout des Allemands. Au milieu de la taïga, mes amis ont rencontré l'un d'entre eux, composé essentiellement de retraités à l'équipement rudimentaire.

« Et là, vous voyez des rescapés de Stalingrad qui ne savent pas que la guerre est finie et qui cherchent encore le chemin du retour », a plaisanté leur guide touristique russe.

Ils s'apprêtaient à les effrayer en les saluant d'un culotté « Mains en l'air ! Hitler kaputt ! », mais les Allemands les avaient aperçus en premier. C'était un groupe de Bavarois qui s'étaient effectivement un peu perdus, fatigués mais fascinés par la beauté des paysages.

« Nous venons ici chaque année, ont raconté les Allemands. »

Mes amis, qui aimeraient bien visiter l'Inde ou la Californie, n'arrivent pas à comprendre cette insatiable passion pour la taïga. Je n'arrive même pas à la leur expliquer moi-même. La Sibérie a toujours joué un rôle mythique dans l'histoire allemande. Parfois c'était le paradis, parfois l'enfer. Les tsars avaient essayé de faire venir des ouvriers solides et travailleurs pour peupler cette région riche en matières premières mais quasi inhabitable. La population autochtone sibérienne était en grande partie nomade et chamaniste, donc peu encline aux grands travaux et à l'exploitation minière. Elle était très occupée par la vénération de ses nombreux dieux. Rien que le principal dieu du lac Baïkal, Burchan, exige une offrande quotidienne de couleur blanche, idéalement du lait.

La Sibérie a longtemps été une sorte de maquis pour la population russe, car elle offrait de nombreuses possibilités de se soustraire au pouvoir étatique. Des déserteurs ou des gens persécutés par l'Église orthodoxe pour des raisons religieuses, des Cosaques qui réclamaient leur autonomie ou des fonctionnaires qui avaient allégé les caisses de l'État en jouant à la roulette ; en un mot, tous ceux qui ne savaient pas où aller se sont taillés dans la taïga. Ces gens avaient conquis le pays peu à peu, mais eux non plus n'étaient pas des travailleurs fiables. Les dirigeants russes ont donc tenté d'appâter les Allemands avec d'alléchantes primes. Ils avaient besoin de citoyens loyaux qui traiteraient la propriété de l'État avec respect, comme si c'était la leur.

Le dernier ministre-président de Sibérie, Stolypine, a donc continué de recruter des Allemands jusqu'à la Révolution. Tous les frais de déménagement et d'installation étaient pris en charge par l'État, qui offrait en prime quinze hectares de terre à chaque famille. Une offre alléchante. Près d'une centaine de villages ont ainsi émergé dans la taïga. Les Allemands se sont révélés être de bons ouvriers qui ne se laissaient pas décourager par les moustiques. Une fois riches, ils tenaient toutefois à rentrer au pays avec tous leurs biens, ce qui allait à l'encontre des plans du gouvernement russe, qui tentait par tous les moyens de les garder en Sibérie.

C'est ainsi qu'est née une sorte de tradition : que ce soit lors d'une guerre mondiale ou d'une révolution, celle-ci se termine toujours par le transport massif d'Allemands en Sibérie. Les prisonniers de guerre comme les pacifistes, les communistes comme les anticommunistes, les amis de la Russie aussi bien que ses ennemis, tous se sont retrouvés dans la neige sibérienne pour y construire des lignes de chemin de fer, extraire des tonnes de matières premières, construire des usines et continuer d'écrire les pages de l'histoire de la conquête du territoire sibérien. À certaines époques, la Sibérie comptait plus d'Allemands que de Bouriates. Ces derniers continuaient à orner leurs huttes votives de bouts de tissu colorés et à verser imperturbablement du lait dans le Baïkal pour honorer Burchan qui les en remerciait en leur donnant régulièrement du beau temps.

Dans la mémoire collective des Allemands, le conte de fées sur la vie de pacha en Sibérie se mêle aux récits d'horreur des prisonniers de la dernière guerre. Lors de la visite d'Helmut Kohl avec Boris Eltsine en Sibérie, tous deux ont participé à une séance de sauna au bord du lac Baïkal.

« Nous, les Russes, s'est vanté Eltsine, on aime plonger dans un trou de glace après avoir transpiré. »

Kohl s'est aussitôt levé pour aller plonger dans l'eau glacée du Baïkal. Eltsine a fait mine de le suivre, mais est retourné immédiatement dans le sauna. Génial, ai-je pensé en voyant les images à la télé. Maintenant, tous les chanceliers allemands seront obligés de sauter une fois par an dans le lac Baïkal puisque, aujourd'hui comme hier, il faut surmonter sa peur de la Sibérie.

Cette région toujours aussi riche et peu peuplée est de plus en plus prisée par les investisseurs étrangers de tous bords. L'élite occidentale aimerait sans doute placer ses capitaux dans la conquête de la Sibérie pour devenir aussi riche que les millionnaires russes qui ont, tous sans exception, fait fortune grâce aux ressources minières de cette région. Mais il y a toujours un gros problème de main-d'œuvre dans la taïga, et on ne peut pas compter sur les Russes. Ils font les malins en disant qu'ils ont envie de sauter dans l'eau glacée du Baïkal, mais préfèrent laisser la place aux autres. Et les Bouriates sont toujours aussi occupés par leurs dieux.

Restent les millions de chômeurs européens, surtout allemands, qui ont déjà fait plusieurs fois l'expérience de la Sibérie. Ainsi, se font de plus en plus fortes les voix qui disent : « Le chemin vers la richesse sera long et sinueux. Alors n'hésitez plus ! Allez en Sibérie ! » Voilà ce que j'ai lu récemment dans un journal de Hambourg. Il y a du travail. Finir le canal du Baïkal à l'Amour ! Une autoroute de la Mongolie à l'Espagne ne serait pas du luxe non plus. Ou bien prolonger l'A1 d'Aix-la-Chapelle jusqu'à Irkoutsk en la faisant passer par Kaliningrad. Dépêchez-vous, allez en Sibérie, vous pourrez vous faire du blé les doigts dans le nez.

Des baies et des bêtes

Le Sibérien moyen, homme ou femme, est grand et fort. Les gens grandissent plus vite dans le froid tout simplement parce qu'ils ont besoin d'une bonne santé et de meilleures défenses naturelles pour braver les conditions climatiques rigoureuses. Les gars les plus costauds et les filles les plus remplumées que j'ai jamais rencontrés venaient tous du Nord. Voilà pourquoi les Sibériens mangent et boivent autant. Une fois, à Berlin, j'ai eu l'occasion de diriger une troupe de théâtre originaire d'Omsk. Ses membres ont eu tout le mal du monde à s'adapter au régime alimentaire européen. Ils commentaient les portions locales d'un sourire moqueur, même une double pizza géante leur paraissait riquiqui. Au petit déjeuner, ils ne coupaient pas le pain en largeur mais en longueur, de même que la saucisse. Leur appétit était proportionnel à leur corpulence.

On pourrait même dire que c'est parce qu'ils mangent autant qu'ils sont devenus aussi grands, et que s'ils n'arrêtent pas de le faire, ils n'en finiront jamais de grandir. On peut le voir comme ça, même si je connais des maigres qui mangent beaucoup et des gros qui ne vivent pratiquement que d'amour et d'eau fraîche. Je crois que, dans le cas de la Sibérie, la taille est une réaction naturelle aux conditions de vie très dures. Les gens sont aimables et discrets. Mais il faut dire qu'ils ne se font quasiment jamais agresser. À quoi bon chercher des noises à un homme aux mains aussi grosses que des lunettes de toilettes ?

Tout comme aborder une femme aux épaules de laquelle on n'arrive à peine, à moins que ce ne soit son type. Les enfants sibériens sont faits les uns pour les autres, et leur cuisine est exactement adaptée à leurs besoins.

Les plats sibériens ne séduisent pas seulement par leur taille impressionnante, mais aussi par leur qualité. On dit que l'Est et l'Ouest se rencontrent sur les tables sibériennes. Les nombreux immigrés qui ont tenté de s'adapter au pays n'étaient pas des gourmets, mais ils étaient inventifs et affamés. Les paysages sibériens, les forêts, les lacs et les fleuves leur ont apporté tous les ingrédients nécessaires, qui n'étaient pourtant pas faciles à trouver. La plupart de ces ingrédients sont gros et ont eux-mêmes de grandes dents. De plus, eux aussi ont souvent très faim et ils attaquent les humains, sauf bien sûr les baies et les champignons qui mûrissent paisiblement mais à des endroits où on n'accède qu'au péril de sa vie. C'est pourquoi la cuisine sibérienne a un arrière-goût de survie. Les prises doivent être grosses pour que l'on puisse faire des réserves pour les temps difficiles.

Les Sibériens aiment le poisson. Il y est grand, fort, et vit en eau profonde. En Sibérie, il y a des douzaines d'espèces dont le nom ne dirait rien à un Européen, comme le taïmen ou le nelma, impossibles à attraper avec des cannes à pêche aux normes européennes. Un vrai poisson sibérien doit peser au moins cinquante kilos et sa queue doit balayer le sol quand le pêcheur le ramène chez lui par-dessus son épaule. Si, ici, la pomme de terre reste plutôt petite et frêle, les ours sont, eux, d'une taille impressionnante.

Dans la forêt, chaque saison apporte ses bienfaits. En été, ce sont les champignons qui peuvent peser le poids d'un enfant de trois ans ou les baies rouges ou jaunes qui sont grosses comme des cerises. En hiver et en automne, on sert du renne et de l'ours tout comme de l'oie sauvage ou du lièvre, bien que lièvre sibérien puisse s'avérer très dangereux. Les chasseurs dépècent les bêtes et les femmes en font du pelménis, des petits chaussons fourrés de toutes sortes de choses. Des baies ou des bêtes, on y met de tout, et il en existe plus de trente recettes différentes. On les fabrique par milliers, puis on les congèle dehors et on les entrepose par sacs entiers dans le cellier ou dans le frigo, de manière à avoir quelque chose à se mettre sous la dent tout au long de l'année.

On confond souvent la Sibérie avec le pôle Nord. L'Européen mal informé pense immédiatement à la banquise et aux ours blancs, mais il n'y en a aucun dans notre Sibérie centrale civilisée. Les ours blancs sont beaucoup plus au nord. Là-bas, près du cercle polaire, vivent des nomades, les autochtones du Nord qui ne cuisinent pas de pelménis mais qui migrent avec leur famille et leur troupeau de rennes.

Les rennes se déplacent toujours vers le climat le plus favorable. Au printemps, ils se dirigent vers le nord, là où les moustiques sont plus rares. En été, ils recherchent les prairies du nord, et en automne, ils descendent vers le sud, là où la toundra rejoint la taïga et où ils trouvent un abri naturel contre le vent, la neige et la glace. Chaque troupeau est accompagné d'un clan de nomades dont les membres sont qualifiés d'éleveurs de rennes, bien que dans cette relation compliquée entre l'homme et l'animal, il soit difficile de savoir qui élève qui.

Les immigrés russes ont apporté un tas de mauvaises habitudes aux peuples du Nord, perturbant ainsi le cycle de la nature. Ils leur ont fait découvrir la vodka et le pain, devenus partie intégrante de la gastronomie nomade. Quand arrive la période de migration, une tribu nomade achète cinq à six cents miches de pain, qu'il faut ensuite ajouter au paquetage. Après chaque traversée de fleuve, les miches ainsi réhydratées sont mises à sécher et remballées. Seuls les jeunes pratiquent encore la chasse. À cause du manque de cartouches, ils ne tirent que lorsque deux canards ou deux oies sauvages se croisent. Malgré tout, les nomades disposent grâce aux rennes d'une nourriture variée : du sang, de la viande et de la graisse, des matériaux pour l'habillement et leurs habitations, et de plus, avantage non négligeable dans la toundra, un moyen de transport qui n'a besoin d'aucun carburant ni pièces de rechange.

On estime qu'une famille normale composée de deux adultes et cinq enfants a besoin d'un troupeau d'au moins quatre cents bêtes pour survivre. Environ une centaine est utilisée pour le travail, une soixantaine pour le transport des biens familiaux, tente incluse, une vingtaine pour les excursions lointaines, la chasse ou les courses, et vingt mâles en cours de dressage pour remplacer les bêtes trop âgées. Pour assurer leur subsistance, c'est-à-dire se nourrir et se vêtir, la famille consommerait cinquante à quatre-vingts bêtes par an. Cela suffirait également en cas de visite impromptue d'amis ou de la belle-mère. Pour l'entretien et le renouvellement de la tente qui souffre beaucoup du gel et du vent, la famille devrait compter sur au moins quatre-vingts à cent bêtes. Ils pourraient ensuite utiliser le reste pour la fête de l'élevage de rennes célébrée tous les ans le 1er avril.

La cuisine sibérienne

Toutes les proportions sont établies pour quatre personnes

ꟸ Entrées ꟹ

Hareng en robe de chambre

Ingrédients :

250 g de filet de hareng
1 betterave rouge
2 pommes de terre
2 carottes
2 œufs
200 g de mayonnaise
3 cornichons
1 cuil. à café de petits pois
1 oignon

Préparation :

Faire cuire les pommes de terre, les œufs, la betterave rouge et les carottes dans de l'eau. Râper le tout séparément. Hacher menu le filet de hareng et l'oignon. Disposer les morceaux de hareng, les pommes de terre, les lamelles d'oignon, les carottes et la betterave rouge l'un sur l'autre dans un plat et arroser de mayonnaise. Saupoudrer d'œufs hachés. Laisser mariner 1 heure. Servir avec les petits pois et les cornichons coupés en tranches.

Filet de porc à l'ouralienne

Ingrédients :

500 g de filet de porc
400 g de farine
1 boîte de raifort à la crème
sel

Préparation :

Faire tremper la viande pendant 1 heure dans de l'eau froide, la sortir, la laisser sécher et la saler. Avec la farine et 150 millilitres d'eau, former une pâte. Recouvrir la viande de pâte tout en se rinçant régulièrement les mains à l'eau froide pour que la pâte ne reste pas collée aux mains. Déposer la viande sur une plaque et la faire cuire 1 heure dans le four à 220 degrés. Quand la croûte a pris une couleur dorée, vaporiser d'eau chaude, puis faire cuire à nouveau 20 minutes. Sortir le plat, laisser refroidir et couper en tranches. Servir avec du raifort à la crème.

ꟾ Soupe ꟾ

Soupe sibérienne au pelménis

Ingrédients :

Pour le bouillon :
100 g de champignons séchés
2 oignons
2 cuil. à soupe de beurre
4 cuil. à soupe de crème fraîche
fines herbes
sel
poivre

Pour le pelménis :
200 g de farine
1 œuf
3 cuil. à soupe d'eau
200 g de filet de poisson cuit
1 oignon
sel
poivre

Préparation :

Réhydrater les champignons dans 1,5 litre d'eau deux à 3 heures. Faire mijoter dans la même eau avec les oignons, le sel et le poivre. Retirer les oignons et les champignons de l'eau, les couper en tranches, les faire frire dans une poêle beurrée, puis reverser dans le bouillon. Avec la farine, l'œuf et trois cuillères à soupe d'eau, former une boule de pâte. Recouvrir d'un torchon de cuisine et laisser reposer trente à 40 minutes. Hacher finement l'oignon et le poisson pour la farce, saler, poivrer, et bien mélanger. Étaler la pâte jusqu'à obtenir une abaisse de 2 millimètres d'épaisseur. À l'aide d'un verre, former des ronds de pâte à l'emporte-pièce, y déposer la farce et les refermer bord sur bord. Déposer délicatement les pelménis dans le bouillon et faire cuire jusqu'à ce qu'ils réapparaissent à la surface. Servir avec de la crème fraîche.

ꝏ Plats de résistance ꝏ

Viande de la taïga

Ingrédients :

500 g de viande de cerf
ou de biche
120 g de lardons
60 g de parmesan
4 cuil. à soupe de beurre
sel
poivre

Pour la farce :
80 g de cèpes séchés
6 gousses d'ail
1 branche de céleri
sel
poivre

Préparation :

Couper la viande en fines tranches. Frapper la viande pour l'attendrir, saler, poivrer et recouvrir de fromage. Pour la farce, réhydrater les champignons 2 à 3 heures dans de l'eau, cuire et couper en fines tranches. Hacher le céleri et les gousses d'ail, ajouter le tout aux champignons, saler, poivrer et bien mélanger. Recouvrir les tranches de viande d'une couche de lardons et d'une couche de farce. Rouler les tranches de viande et faire frire dans du beurre à la poêle. Placer le plat sur une plaque de cuisson et faire cuire pendant 30 minutes au four à 180 degrés.

Poisson aux canneberges et au miel

Ingrédients :

800 g de filet de poisson blanc
4 cuil. à soupe d'huile végétale
2 cuil. à soupe de farine
200 ml de jus de canneberge
200 g de miel
1 citron
sel

Préparation :

Mettre le jus de canneberge dans une casserole, ajouter le miel et réduire de moitié. Paner le poisson dans la farine, mettre un peu d'huile dans la poêle, ajouter le poisson et frire des deux côtés. Sortir le poisson, arroser de sauce aux baies et au miel, saler, puis laisser reposer 5 minutes. Servir avec des rondelles de citron.

✂ Dessert ✂

TARTE « ÉCORCE DE BOULEAU »

Ingrédients :

Pour la pâte :
3 œufs
3 cuil. à soupe d'eau chaude
150 g de sucre
150 g de farine
1 cuil. à café de levure chimique

Pour la garniture :
200 g de confiture de fraise
200 g de crème Chantilly
1 cuil. à café de cacao

Préparation :

Séparer les blancs des jaunes. Battre les blancs en neige. Ajouter délicatement les jaunes et le sucre. Ajouter la farine, la levure et 3 cuillères à soupe d'eau chaude, et continuer de battre jusqu'à obtenir une pâte. Étaler la pâte dans un plat rectangulaire et mettre au four à 180 degrés jusqu'à ce que la pâte soit dorée. Laisser refroidir, badigeonner un côté de confiture, rouler la pâte et la déposer sur une plaque, puis recouvrir de crème Chantilly. Diluer le cacao dans 2 cuillères à soupe d'eau chaude et le verser sur la crème afin d'obtenir un motif ressemblant à un tronc de bouleau.

Ouzbékistan

L'Ouzbékistan était notre mille-et-une-nuits socialiste : le doux enchantement de l'Orient, des melons et des raisins en hiver, des fruits que personne n'avait jamais vus auparavant, la danse du ventre à la télévision, les rahats-loukoums, le pilaf, la samsa et le chachlik. Le restaurant Ouzbékistan à Moscou était un lieu de pèlerinage incontournable pour tous les gourmets de la capitale. Oh, ça y est, j'ai envie de vomir.

J'écris ces lignes à Saint-Pölten, à des milliers de kilomètres du restaurant Ouzbékistan, dans une auberge traditionnelle autrichienne avec en toile de fond des bancs de coin, des joueurs de cartes ivres, des trophées alignés au mur et un menu du jour à 4,17 euros : soupe de pommes de terre et viande au raifort sur lit de choucroute. Pour le client plus exigeant, il y a l'escalope panée XXL qui ressemble à un hérisson écrasé par un camion. À chaque fois qu'un téléphone portable sonne, ils se retournent comme s'ils n'avaient jamais vu un mobile de leur vie.

Mais revenons à l'Ouzbékistan : une république multinationale de vingt-cinq millions d'habitants dont la plupart sont des jeunes, avec de grands fleuves perpétuellement asséchés, d'immenses déserts, des montagnes qui ne procurent que peu d'ombre et une cinquième saison que l'on appelle « tchilla » : quarante jours de canicule où la température peut monter jusqu'à 50 voire 60 degrés. Le secret de la survie par une telle chaleur s'appelle « la transpiration intérieure ».

Les autochtones revêtent d'épaisses doudounes et boivent du thé vert brûlant. Ainsi, leurs manteaux sont humides à l'intérieur et secs à l'extérieur. Voilà comment les Ouzbeks se prémunissent des coups de chaleur.

Les vieux Ouzbeks affirment que la culture et l'histoire ouzbeks sont plus anciennes que la plus ancienne culture du monde. Dans le sud de la république, les archéologues trouvent sans cesse des os humains plus vieux que l'humanité elle-même. On peut donc en conclure que les premiers hommes n'ont pas été des Géorgiens, comme avancé autrefois, mais des Ouzbeks.

Peut-être que les ossements proviennent de tout autres individus, comme des touristes préhistoriques perdus dans le désert. Nous ne connaîtrons probablement jamais la vérité. Mais une chose est sûre : les Ouzbeks étaient un peuple au développement précoce. Leurs gouvernants se sont fait un nom en tant que scientifiques hors pair, poètes et peintres. Ils ont pratiqué l'astrologie, ont compté toutes les étoiles, ont découvert l'élixir de vie et ont écrit d'épais traités de philosophie tandis que le reste du monde vivait encore dans des cavernes. Cette intense activité scientifique n'a cependant pas empêché les chefs asiatiques de se faire continuellement la guerre entre eux, avec une cruauté sans pareille. Les causes des conflits étaient principalement domestiques. Plus un chef restait au pouvoir, plus sa famille s'agrandissait, ce qui engendrait des rapports compliqués. Au bout d'un moment, les enfants, les frères et sœurs ou d'autres membres de la famille recherchaient leur indépendance – ce qui se traduisait par une guerre. Presque aucun chef ouzbek n'est décédé de mort naturelle. Soit il a été décapité par son fils, soit il a été trahi par sa propre grand-mère. Seules les femmes étaient réputées pour soutenir leur mari envers et contre tout, car de toute façon, d'après la tradition d'Asie centrale, elles n'avaient rien à dire.

La soviétisation de l'Asie centrale a duré plus longtemps que prévu. Sept ans après la révolution d'Octobre, de nombreuses bandes à dos de chameau armées jusqu'aux dents traversaient encore le désert sans vraiment savoir si elles étaient pour ou contre le socialisme. L'Armée rouge a dû se charger de les convaincre. En sa qualité de république soviétique, l'Ouzbékistan fournissait le reste de l'Union en coton et en exotisme. Sur les nombreuses images de propagande symbolisant l'internationalisme soviétique, l'Ouzbékistan était en général représenté par une jolie jeune fille en costume traditionnel. La jeune fille avait une centaine de tresses et souriait d'un air mutin. Selon la légende, la principale victoire soviétique en Asie centrale était la libération de la femme des harems de riches. En même temps, la plupart des Soviétiques de sexe masculin toléraient l'idée des harems. Pour eux, l'Asie centrale était un paradis pour le sexe fort, en témoigne le célèbre succès populaire « Si j'étais sultan, j'aurais trois femmes, jour et nuit je contemplerais la beauté de ces dames ».

Malgré la propagande officielle, personne ne croyait vraiment que les Ouzbeks avaient libéré leurs femmes et abandonné leurs vieilles traditions. De nombreuses femmes ont continué de se vanter de vivre dans des situations familiales peu orthodoxes. Une de mes amies, Dildora, qui vient d'une famille ouzbek de Moscou, a prétendu un jour qu'elle avait été à deux doigts de devenir la treizième femme du ministre ouzbek de l'Agriculture, ce qui a valu un surcroît de respect dans notre cercle.

L'idée qu'il y ait quelque part dans notre pays un lieu où l'on puisse entretenir une liaison sans complications avec plusieurs femmes en même temps alors que chez soi on n'arrive même pas à s'en sortir avec une seule, a bien été illustrée par le plus célèbre film d'action soviétique de tous les temps :

Le Soleil blanc du désert. Il était diffusé plusieurs fois par an et la majorité de la population le connaissait par cœur. C'est l'histoire d'un soldat russe resté coincé dans le désert d'Asie centrale après la guerre civile. Sa mission consistait à surveiller le harem d'un insurgé qui combattait l'Armée rouge. Le Russe n'a qu'une envie : rentrer au plus vite chez lui, où sa seule et unique femme l'attend. Celle-ci apparaît sans cesse dans ses rêves, ce qui le rend si timide qu'il veut se mettre en route sans attendre. Mais le soldat doit d'abord accomplir son devoir. Avec une mitraillette artisanale, il libère les femmes de leur mari et massacre toute une bande de combattants. Après cet acte héroïque, elles tombent toutes amoureuses de lui et le considèrent comme leur nouveau maître. Elles tentent même de le séduire, mais il reste de marbre. « Rentrez chez vous, vous êtes libres, pauvres idiotes ! » dit-il à son harem en souriant. Après ça, le soldat quitte le désert pour toujours. Beaucoup de spectateurs auraient souhaité une autre fin. Ils espéraient que le soldat emmènerait quelques belles Ouzbeks avec lui ou, au moins, continue un peu à les protéger. Mais c'était impossible. À cause de l'égalité, de la fraternité, *et cætera*.

De la drogue d'Ouzbékistan

Lors de mes études au conservatoire, il y avait des étudiants issus de presque toutes les républiques d'Union soviétique, mais pas d'Ouzbeks. Nos pays frères exotiques étaient représentés par deux Cambodgiens, qui réussissaient haut la main leurs études d'art dramatique sans parler un seul mot de russe. L'un d'eux nous a appris à aromatiser des cigarettes en les badigeonnant de baume contre le rhume. L'autre faisait toujours le poirier à la pause, et montait et descendait les escaliers sur les mains sous nos applaudissements. Au bout de deux ans, il s'est avéré que les deux Cambodgiens s'étaient inscrits dans la mauvaise matière. Ils avaient toujours cru suivre une formation d'acrobates de cirque et avaient pris tout ce blabla pour une introduction.

La première fois que j'ai rencontré des Ouzbeks, c'était à l'armée. Ils avaient du mal à s'habituer à la neige, étaient constamment frigorifiés et cherchaient donc toujours un poste au chaud, de préférence à côté d'un radiateur qu'ils prenaient immédiatement d'assaut. Dans notre unité, les Ouzbeks travaillaient en tant que chauffeurs, surveillants de sauna, blanchisseurs ou aides-cuisiniers, bref partout où il y avait moyen de trouver une source de chaleur.

La plupart des soldats se regroupaient en fonction de leur région d'origine. Je passais donc le plus clair de mon temps en compagnie d'un Moscovite qui, en raison de son air sérieux, était surnommé « le Professeur ». Ensemble, nous avons décidé de nouer des contacts avec différentes ethnies, à commencer par notre blanchisseur ouzbek. Ça n'a pas été une mince affaire : le camarade ouzbek passait tout son temps dans la buanderie, assis sur une centaine d'oreillers gris à boire du thé. À chaque fois que nous tentions de soutirer à Ulugbeck – c'était son nom – des informations sur son pays, il nous gratifiait d'un « Qu'est-ce que tu veux ? » en nous jetant des oreillers. Cette réaction avait plusieurs raisons. Non seulement Ulugbeck tenait particulièrement à sa mission de gardien de la buanderie, mais en plus il avait caché sous la montagne de linge tout un tas de choses avec lesquelles il pratiquait le marché noir. Sa roublardise allait de pair avec une étonnante naïveté. Un jour, mon ami le Professeur avait réussi à lui vendre une prise murale tout à fait ordinaire – arguant du fait qu'avec cette prise, on pouvait faire bouillir de l'eau et écouter de la musique partout. Après avoir vissé la prise dans son armoire en bois, Ulugbeck a été très déçu de constater que rien ne sortait de l'armoire.

Le sort des Ouzbeks n'était pas seulement à plaindre à cause du froid, mais aussi parce qu'ils étaient ceux d'entre nous qui étaient le plus loin de chez eux. Tandis que d'autres soldats recevaient plus ou moins régulièrement des colis de nourriture de leur famille, les produits ouzbeks ne supportaient pas un tel voyage. Mais d'une manière ou d'une autre, les Ouzbeks parvenaient à établir une liaison avec leur pays.

Parfois, Ulugbeck sortait sur la route devant notre caserne, où des véhicules militaires passaient à heures régulières. Un jour, nous avons vu un camion s'arrêter. Le chauffeur, lui aussi ouzbek, est descendu, a échangé quelques mots avec Ulugbeck avant de lui remettre quelque chose qui ressemblait à une grande bouteille.

« Du schnaps ! s'est réjoui le Professeur. Du vrai schnaps ouzbek !

— T'emballe pas, lui ai-je dit. Les Ouzbeks ne boivent pas de schnaps. Je n'ai jamais entendu parler de schnaps ouzbek.

— Bien sûr qu'ils boivent du schnaps ! Ils boivent tous du schnaps, mais en cachette ! » a insisté le Professeur.

Nous avons espionné Ulugbeck pour voir où il cacherait la bouteille : sous le plancher de notre salle Lénine où deux lattes s'étaient détachées. La nuit venue, nous nous sommes mis en quête du schnaps ouzbek. Nous n'avons pas tardé à le trouver : une grosse bouteille de lait remplie d'une substance verte qui ressemblait à de l'herbe.

« De la drogue ouzbek ! a chuchoté le Professeur, les yeux écarquillés. De la marijuana ! »

Nous en avons versé une petite quantité dans nos poches. Toute la nuit, nous avons essayé de fumer la drogue, en vain. Une fois roulée, l'herbe ouzbek refusait de se consumer. Soit elle s'éteignait, soit elle explosait en faisant un grand « clac » dans les mains, et la cendre incandescente faisait des trous dans nos uniformes. Mon camarade a tout de même eu de fortes hallucinations et m'a décrit plus tard les images incroyables qui avaient défilé dans sa tête : lui et sa mère étaient des serpents qui allaient en serpentant dans le désert. Affamés, ils essayaient désespérément d'attraper une souris. Soudain, une immense langue acérée a poussé dans la bouche de sa mère, et pouf ! Elle l'avait avalé.

Ce trip paraissait avoir profondément marqué le Professeur. Il a tout de même mangé le reste de sa substance verte et a paru satisfait de son expérience de la drogue ouzbek. De mon côté, j'avais de sérieux doutes. Le lendemain, j'ai avoué notre larcin à Ulugbeck et lui ai demandé ce que contenait vraiment la bouteille. Le gardien des oreillers s'est plié en deux.

« Du thé vert ! s'est-il exclamé. C'était du thé vert ! »

Ensuite, il nous a invités à déguster son thé dans les règles de l'art. C'était une véritable cérémonie. Le thé vert, nous a-t-il raconté, est la principale boisson d'Asie centrale. Sans lui, impossible de survivre au service militaire. En fait, le thé vert protège des coups de chaleur, bien mieux que n'importe quelle eau minérale, et il aide à lutter contre le froid.

C'est ainsi qu'est née notre amitié. Par la suite, nous nous sommes souvent retrouvés pour boire du thé vert d'Ouzbékistan au sommet d'une montagne d'oreillers portant le numéro de notre unité. Dehors, une couche de neige de plusieurs mètres.

« Dommage que ce ne soit pas une drogue, a marmonné le Professeur en regardant sa tasse d'un air déçu.

— Je t'en fournirai, a répondu Ulugbeck, je sais comment fabriquer de la drogue avec de la fiente de poule.

— Et moi, en échange, je te procurerai une vraie prise de courant, a répondu le Professeur. Une avec laquelle tu pourras écouter de la musique et faire du thé et qui durera pour toujours. Tu pourras même l'emmener en Ouzbékistan quand tu en auras fini ici. Ça te fera un souvenir de moi. »

La cuisine ouzbek

Toutes les proportions sont établies pour quatre personnes

Entrées

Salade Bachor

Ingrédients :

500 g de filet d'agneau
3 tomates
1 concombre
1 oignon
3 gousses d'ail
3 œufs
1 bouquet d'aneth
1 bouquet de coriandre
5 cuil. à café de vinaigre
1 cuil. à soupe de mayonnaise
1 cuil. à soupe d'huile
sel
poivre

Préparation :

Cuire la viande à la poêle dans un peu d'huile. Couper le concombre, les tomates, l'oignon et la viande en fines tranches. Hacher menu l'ail et les herbes. Tout mélanger, saler, poivrer. Ajouter de la mayonnaise, du vinaigre et de l'huile. Servir la salade avec des quartiers d'œufs durs, des tranches de viande et des herbes.

Lazat

Ingrédients :

4 poivrons
100 g de feta
4 cuil. à café de crème aigre
2 cuil. à soupe de beurre
1 gousse d'ail
1 bouquet d'aneth
1 bouquet de persil
sel

Préparation :

Laver les poivrons, retirer la tige en coupant tout autour, épépiner. Pour la farce, faire tremper la feta dans de l'eau froide. Ajouter la crème aigre et le beurre, et bien mélanger. Ajouter les herbes finement hachées et l'ail. Saler, et mélanger à nouveau. Blanchir les poivrons dans de l'eau bouillante et les remplir de farce. Servir les poivrons farcis en tranches.

ꕥ Soupe ꕥ

Kijma – Chourpa

Ingrédients :

400 g de bœuf à bouillir
(gîte ou plat de côte)
3 oignons
2 carottes
4 tomates
3 cuil. à soupe de petits pois
4 pommes de terre
1,2 l d'eau
1 bouquet d'aneth
1 feuille de laurier
beurre
poivre noir (moulu)
1 clou de girofle
sel

Pour les boulettes (kijmas) :
300 g d'agneau haché
100 g de riz
4 mirabelles
poivre
sel

Préparation :

Peler et émincer les oignons, et couper les tomates et les pommes de terre pelées en tranches. Faire revenir les oignons émincés jusqu'à obtenir une couleur dorée. Faire revenir les carottes et les tomates dans le beurre. Mélanger la viande hachée au riz cuit, saler et poivrer. Dénoyauter les mirabelles. Former des petites boules avec le mélange viande-riz et insérer dans chacune une mirabelle. Mettre le bœuf dans l'eau bouillante. Y ajouter les kijmas, les pommes de terre et les légumes revenus dans le beurre, et faire cuire 15 minutes. Ajouter les petits pois, saler et poivrer encore une fois. Au bout de 5 minutes, servir la soupe agrémentée des herbes hachées.

Plats de résistance

Boulettes de poisson à la mode Moujnak

Ingrédients :

400 g de filet de poisson blanc
¼ d'oignon
2 cuil. à soupe de crème fraîche
1 œuf
2 cuil. à soupe de farine
2 cuil. à soupe d'huile
poivre
sel

Préparation :

Couper le filet de poisson en morceaux et passer à la moulinette avec le bout d'oignon pelé. Ajouter la crème, l'œuf, le sel et le poivre, mélanger et battre jusqu'à obtenir une masse uniforme. Former de petites boules, les rouler dans la farine et les faire revenir dans l'huile des deux côtés 8 à 10 minutes. Faire cuire ensuite dans un peu d'eau.

Pilaf aux coings

Ingrédients :

300 g d'agneau
400 g de riz
3-4 coings
2 oignons
2 carottes
2 cuil. d'huile végétale
2 mirabelles
anis
poivre
sel

Préparation :

Faire tremper le riz dans l'eau froide pendant 2 heures. Couper la viande en cubes de 2 centimètres. Émincer les oignons et couper les carottes en fins bâtonnets. Épépiner les coings et les couper en huit. Faire sauter la viande dans l'huile, ajouter les oignons et les carottes et faire cuire 10 minutes. Saler et ajouter les épices, les coings et les mirabelles dénoyautées, puis remplir la casserole d'eau jusqu'à ce que les ingrédients soient recouverts. Répartir le riz dessus en une couche uniforme et remplir à nouveau d'eau jusqu'à ce que l'eau dépasse les ingrédients d'1,5 centimètre. Faire cuire à découvert jusqu'à absorption de l'eau. Remettre le couvercle et laisser mijoter encore 10 minutes à feu doux. Remuer délicatement le plat ainsi obtenu.

𝔖 Desserts 𝔖

Halva

Ingrédients :

200 g de farine
100 g de beurre
200 g de sucre
400 ml d'eau
200 g de noix
safran

Préparation :

Dans une casserole, incorporer la farine au beurre fondu en ne cessant de remuer jusqu'à ce qu'elle brunisse. Faire bouillir l'eau avec le sucre.

Tout mélanger et porter à nouveau à ébullition en ne cessant de remuer jusqu'à ce que la masse épaississe. Ajouter les noix hachées et le safran. En servant, dessiner un motif oriental à la surface.

Baklava à la mode du Khorezm

Ingrédients :

600 g de farine
200 ml d'eau
250 g de margarine
150 g de noix ou d'amandes
100 g de sucre
3 œufs
2 cuil. à soupe de miel
1 cuil. à café d'huile
sel

Préparation :

Saler l'eau et la farine, puis mélanger jusqu'à obtention d'une pâte et laisser reposer pendant trente à 40 minutes. Former ensuite un rouleau de pâte. Diviser ce rouleau en petites boules. Laisser reposer 5 minutes, puis aplatir les boules pour obtenir des petits pâtés d'1,5 centimètre de haut. Faire griller les noix hachées et saupoudrer de sucre. Mettre l'huile dans une poêle, y déposer les petits pâtés et les saupoudrer de noix sucrées, recouvrir à nouveau d'un rond de pâte puis de noix sucrées et alterner ainsi dix couches. Badigeonner les gâteaux de jaune d'œuf et faire cuire 20 minutes au four à 220 degrés. Verser dessus de la margarine et laisser cuire encore 15 minutes. Quand le baklava est terminé, l'arroser de miel avant de servir.

Lettonie

L'Ouest sous-estime souvent la Lettonie en la considérant comme un petit pays tout mignon au bord de la Baltique. En réalité, la Lettonie est le cent vingt et unième pays du monde par sa taille, un État puissant et indépendant avec vue sur la mer. Le pays possède une frontière naturelle avec l'Estonie et la Lituanie ainsi qu'une frontière non naturelle avec la Russie. La population autochtone de la Lettonie appartient au clan des Latgaliens, un ancien peuple de pirates très courageux. À l'origine nomades et marins, ils se sont finalement installés sur la côte baltique.

Beaucoup de touristes étrangers ont tendance à mal prononcer le nom du pays ou à le confondre avec son voisin, la Lituanie. Les Allemands l'appellent « Lettland », les Espagnols « Letonia », et les Français « Lettonie ». En letton, en revanche, la Lettonie s'appelle « Latvijas Republika » et les habitants tiennent beaucoup à ce qu'on ne fasse pas d'erreur de dénomination. Ils ont fait l'objet de tant d'humiliations et de mépris dans le passé et ont dû attendre si longtemps avant de pouvoir obtenir leur indépendance qu'ils ne plaisantent pas sur leur identité.

Dans le socialisme totalitaire, la Lettonie était le plus grand producteur de produits laitiers de l'Union soviétique. Le pays approvisionnait son grand frère russe et toutes les autres républiques socialistes en crème fraîche. Aujourd'hui, les Lettons ont pris une large revanche sur leur grand frère. La colère contre les Russes est devenue le maître mot de la politique lettonne. Depuis l'indépendance, les Lettons réclament des excuses ainsi que des réparations de la part de l'ancien occupant. Le montant de la somme exigée varie entre vingt millions et quarante milliards selon le degré de colère du moment.

L'occupant russe est devenu l'unique bouc émissaire de la République lettonne. Tous les problèmes qu'a connus ou connaît la Lettonie sont nés à cause des Russes et de leur socialisme, voilà l'opinion officielle du gouvernement letton. Sans l'occupation soviétique, la Lettonie serait depuis longtemps devenue une vaste station thermale de luxe.

De toute façon, les Russes n'ont pas l'intention de dédommager la Lettonie pour les dégâts engendrés par le socialisme. La version officielle du côté russe est toujours la même : les États baltes auraient volontairement choisi le socialisme en 1940 et auraient adhéré à l'U.R.S.S. de leur plein gré dans une sorte de folie collective ou bien dans une volonté de changement. Les Lettons auraient suivi le socialisme comme des somnambules. À leur réveil, ils sont tombés des nues, mais il était trop tard pour faire machine arrière. Sous le règne communiste, bien sûr, le bateau a pris l'eau. Les paysages de la Lettonie, ses lacs et ses fleuves seraient une véritable superproduction écologique si les Russes n'avaient pas tout abîmé. Les forêts seraient plus denses et le ciel plus bleu. La plus grande montagne du pays ne fait aujourd'hui plus que 312 mètres de haut, sûrement parce que les communistes se sont amusés à la piétiner. Seule la météo s'en est relativement bien sortie après cinquante ans d'occupation soviétique. Elle est restée stable : chaude en été, froide en hiver, le socialisme n'y a rien changé. Le plus gros problème de la Lettonie d'aujourd'hui, c'est sa population – un autre héritage de son passé soviétique. La population lettonne n'est composée qu'à cinquante et un pour cent de Lettons, tandis que les quarante-neuf pour cent restants n'existent pas. Les communistes les ont remplacés par d'autres groupes ethniques, surtout des Russes, des Biélorusses et des Ukrainiens, qui souhaitent rester dans le pays. C'est là que réside le plus gros défi de tout gouvernement letton : la naturalisation des pans de la population non lettonne. Ils doivent être transformés en véritables Lettons. La population russophone apprend le letton depuis quinze ans sans faire de réels progrès. Beaucoup se promènent avec des dictionnaires et terrorisent leurs voisins lettons avec leur horrible baragouin.

« Dis-le nous en russe, on te comprendra, soupirent les Lettons à bout de patience.

— Impossible, rétorquent les Russes, on a supporté votre russe pendant cinquante ans, vous devez maintenant supporter notre letton pourri. »

À l'étranger, la Lettonie a l'image d'une vieille tante blessée et laissée pour compte. Pour confirmer cette idée reçue, les Lettons ont élu une présidente canadienne, une psychologue diplômée qui travaillait autrefois dans un hôpital psychiatrique de Toronto. Née en 1937 en Lettonie, elle avait émigré avec sa famille en Allemagne en 1944. À l'époque déjà, elle préférait le fascisme au communisme. Après la défaite allemande, la famille s'est installée au Canada. La présidente aime raconter à la presse qu'elle prend des cours de russe pour pouvoir communiquer avec la moitié de la population. Elle aurait déjà appris plus d'une centaine de mots. Ce qui l'intéresserait le plus, ce seraient les expressions, les coutumes et les traditions, a-t-elle expliqué dans une interview. Elle n'hésite pas à utiliser ces nouvelles connaissances quand il s'agit d'asticoter le voisin russe.

La présidente se montre particulièrement active au mois de mai, quand la Russie fête en grande pompe le jour de la Victoire. En Lettonie, ce jour n'est pas célébré, il n'y a que celui du Souvenir pour les victimes de la Seconde Guerre mondiale. Ce pays est numéro un en ce qui concerne le nombre de commémorations : commémoration des victimes du communisme, commémoration de l'occupation de la République lettonne, commémoration des héros lettons tombés à la guerre, commémoration des combattants pour l'indépendance lettonne, *et cætera*. En 2005, l'intervention de la présidente à l'occasion de l'anniversaire de la victoire de 1945 a fait particulièrement scandale. Au beau milieu des préparatifs des festivités, alors que les grands de ce monde allaient se réunir à Moscou pour la grande parade militaire, la Lettonne a déclaré : « Les Russes vont encore une fois boire leur vodka et grignoter leur poisson séché en pensant qu'ils nous ont libérés. » Cette remarque a soulevé un tollé en Russie. Des milliers de lettres ont inondé les grands journaux du pays : « Personne dans notre pays n'aurait l'idée de boire de la vodka avec du poisson séché, ont écrit des citoyens indignés. N'importe quel gamin sait que le poisson séché ne va qu'avec la bière et qu'on mange des cornichons avec la vodka. » Plusieurs associations ont participé à l'action « Du poisson séché pour la Lettonie ». À la gare de Riga à Moscou, on a étalé des bouteilles de vodka à côté de filets de poisson séché sur les quais au cas où la présidente lettonne viendrait un jour en visite officielle en Russie. Les S.D.F. se sont tout particulièrement réjouis de cette initiative : ils ont commémoré la Victoire pendant plusieurs jours à la gare de Riga.

Le transport du pudding

Dans les années 80 en U.R.S.S., seuls quelques privilégiés pouvaient se payer un voyage à l'étranger. L'intelligentsia moscovite et léningradoise se consolait avec un séjour dans les pays baltes, considéré comme un quasi-voyage à l'étranger au sein du bloc socialiste. Les épais remparts autour des villes, les églises et leurs hauts clochers pointant vers le ciel, les rues pavées, l'élégance vestimentaire des Baltes, leur fort accent occidental – tout cela donnait l'impression d'être très loin de chez soi. Ce n'est pas pour rien que tous les films soviétiques censés se dérouler à l'étranger étaient tournés dans les étroites ruelles de Riga, Vilnius ou Talinn. De plus, un voyage dans les pays baltes était relativement bon marché et facile à organiser. Avec mes amis, je me rendais presque chaque année à Riga, une bourse plate en poche, mais avec la ferme conviction que nos amis lettons ne nous laisseraient pas dans la panade. Et, en effet, ils nous ont toujours aidés en cas de besoin.

Pour les jeunes désargentés des deux capitales russes, il y avait à l'époque deux solutions pour rejoindre la Lettonie en stop. Le premier itinéraire passait par Pskov. C'était le chemin le plus court et le plus direct, mais il y avait un hic : ce qu'on appelait le tournant de Korostilevo, un grand vide sur les cartes routières russes. Comme par magie, tous les camions venant de Moscou et Leningrad s'y arrêtaient et faisaient descendre les auto-stoppeurs avant de changer de direction.

Atterrir à Korostilevo signifiait bien souvent qu'on y allait perdre deux précieux jours de vie. Dans le coin, il n'y avait ni forêt ni rivière et pouvoir remonter dans une voiture relevait du miracle. Pour tout auto-stoppeur, une halte dans cette ville représentait une dure épreuve morale et physique. Pourtant, c'était loin d'être une zone désertique. Il y avait des maisons habitées par des petits vieux. Les jours de beau temps, ils se risquaient même à sortir de leur jardin pour se poster au bord de la route. Ils aimaient les animaux – beaucoup d'entre eux avaient des poules dans la cour et certains même des chèvres. Mais quand on s'avisait de leur demander l'heure ou un peu d'eau, ils étaient soudain sourds-muets. Voilà pourquoi le tournant de Korostilevo était un lieu maudit pour les auto-stoppeurs.

L'autre chemin qui menait à la Lettonie était un peu plus compliqué. Plus exactement, c'était un détour par Narva. Il fallait traverser toute l'Estonie, puis passer la frontière letto-estonienne et parcourir encore 200 kilomètres jusqu'à Riga. L'avantage était qu'on pouvait faire tout le trajet dans des voitures propres en compagnie d'automobilistes baltes sympathiques et serviables, qui aimaient bien parler de leur pays à un étranger, l'invitaient à manger et lui laissaient toujours une impression bourgeoise et fortement anti-soviétique. C'est pourquoi la plupart des auto-stoppeurs préféraient le chemin européen pour partir en vacances.

La frontière entre les pays baltes et la Russie était provisoire. Il n'y avait pas un seul poste frontière, mais le voyageur attentif pouvait littéralement y sentir l'odeur de l'Ouest. Aujourd'hui, avec le recul, j'ai du mal à comprendre ce qui nous attirait chaque année vers la Baltique et nous donnait cette impression d'être à l'Ouest. Était-ce la nature ? La convivialité ? Les cafés ? Je crois que c'étaient les cafés, les cantines populaires bon marché que l'on retrouvait par ailleurs dans toute l'Union soviétique. On les appelait « Obchepit », un acronyme de « Points d'alimentation sociale ». À Moscou ou Leningrad, ces bouis-bouis étaient tout sauf recommandables. À part du pelménis réduit en bouillie, des saucisses jaunies et des employés désagréables en uniformes blancs sales avec des gants de toilette dans les mains, il n'y avait rien à y chercher. En général, les « Points de nourriture sociale » étaient détournés en fontaine à vodka par les alcooliques.

À Riga, ça n'avait rien à voir. À peine arrivés en ville, nous nous précipitions dans l'un de ces self-services pour y goûter l'exotique nourriture lettonne. Pour quelques kopecks, on pouvait y déguster un menu entrée-plat-dessert original. Les Lettons avaient l'art d'inventer des mets élaborés à partir des ingrédients les plus simples. Chacun de nous avait son plat préféré. Alors que je ne jurais que par les soupes froides au pain noir et aux airelles, Andreï, mon ami et éternel compagnon de voyage, est tombé amoureux de la gelée de pudding qu'on trouvait sous trois couleurs différentes : vert, bleu et rouge. Au début, nous nous étions moqués de ce pudding, guère séduits par cette masse instable. Elle ne ressemblait pas à de la nourriture, mais à un extra-terrestre ayant atterri par hasard dans l'assiette. Il faut dire que c'était notre première expérience avec le pudding. À Moscou, on ne fabriquait pas de desserts aussi bizarres. J'avais certes lu beaucoup de choses sur le pudding dans les livres, mais je m'en étais fait une tout autre idée. J'avais plutôt imaginé une sorte de biscuit avec de la crème chantilly parsemé de raisins secs.

Finalement, le pudding a tellement impressionné mon ami qu'il a décidé de l'emmener en Russie pour le faire découvrir à ses amis moscovites. Craignant que ce dessert si fragile ne survive pas à un voyage en auto-stop, nous avons décidé de rentrer par le train. Mais dans le train non plus, il n'a pas été facile de transporter le pudding. Il était si attaché à sa patrie lettone qu'il a fondu avant même d'avoir atteint la frontière. On aurait dit un miracle : le pudding s'est ratatiné sous nos yeux en pleurs et a disparu, laissant des taches vertes sur nos mains et nos pantalons. Mon hypothèse selon laquelle le pudding serait allergique à notre pays a rendu mon ami encore plus furieux. Il a tenté d'en transporter dans une glacière artisanale, d'en mettre en conserve, sous vide, et finalement d'en préparer lui-même dans son appartement à Moscou. D'abord, Andreï a fait bouillir des os de veau pour obtenir une épaisse gélatine, puis il a essayé les différents colorants locaux et a ajouté le sucre glace le plus fin possible. Mais ses efforts sont restés vains. Le pudding à la gélatine, cet enfant occidental capricieux, ne voulait tout simplement pas s'épanouir dans notre socialisme. Ce qu'on obtenait pouvait au mieux servir de colle à papier peint.

Les transports répétés de pudding par Andreï ont néanmoins eu une conséquence bénéfique : il est devenu un fabricant de bonbons expérimenté, a inventé par hasard une sucette perpétuelle, fondé une coopérative de friandises et organisé la vente de ses produits dans la rue. À la chute du socialisme, il est passé sans difficulté des sucettes maison à l'importation d'ordinateurs chinois. Il est devenu un brillant homme d'affaires. Plus tard, il s'est lancé dans le commerce du métal, a vendu des voitures, puis fondé une compagnie aérienne et s'est lancé dans des investissements immobiliers. Aujourd'hui, il rit encore de ses puddings tremblants de Lettonie.

La cuisine lettonne

Toutes les proportions sont établies pour quatre personnes

Entrées

Salade « Rassols »

Ingrédients :

3-4 pommes de terre
2 cornichons
2 pommes
2 œufs
200 g de viande de porc
100 g de filet de hareng
1 bouquet de persil
sel

Pour la sauce :
100 g de crème aigre
1 cuil. à café de vinaigre
1 cuil. à café de raifort
1 cuil. à café de moutarde

Préparation :

Faire cuire les pommes de terre et les œufs, puis enlever peau et coquille. Faire cuire la viande de porc. Couper les pommes de terre, les œufs, les cornichons, les pommes, le filet de hareng et le porc en petits morceaux, saler et mélanger à la sauce. Décorer de persil.

Œufs farcis aux harenguets

Ingrédients :

6 œufs
100 g de harenguets
3 cuil. à soupe de beurre
moutarde

Préparation :

Écaler les œufs durs et les couper en deux dans le sens de la longueur. Retirer le jaune, le mélanger au beurre, aux harenguets et à la moutarde et s'en servir pour garnir les moitiés d'œufs. Servir bien froid.

ꟈ Soupe ꟈ

Soupe de pain

Ingrédients :

150 g de pain noir
50 g de sucre
25 g de fruits secs
15 g d'airelles
50 ml de crème
cannelle selon le goût

Préparation :

Faire sécher les tranches de pain noir dans le four, puis les recouvrir de 500 millilitres d'eau bouillante et laisser tremper 30 minutes. Ajouter le sucre, les fruits secs, la cannelle et les airelles, bien mélanger et faire cuire jusqu'à ce que les fruits secs soient mous. Laisser refroidir la soupe et servir avec de la crème chantilly.

Plats de résistance

Fromage de lièvre

Ingrédients :

1 lièvre ou lapin
100 g de lard
9 œufs
100 g de gouda
100 g de beurre
10-15 cèpes séchés
1 cuil. à soupe de cumin
3 cuil. à café de marjolaine
2 cuil. à soupe d'aneth
poivre selon le goût

Pour la pâte :
200 g de farine
2 œufs
100 ml de crème
1 cuil. à soupe de beurre

Préparation :

Larder le lièvre ou le lapin et mettre 1 heure au four à 180 degrés. Couper la viande en morceaux, la mettre dans une casserole, arroser de deux verres d'eau et laisser mijoter jusqu'à ce que l'eau se soit évaporée et que la viande soit tendre. Sortir les morceaux de viande de la casserole, séparer des os et passer trois fois à la moulinette. Broyer les os. Avec cinq œufs, préparer une omelette et la passer à la moulinette avec le fromage. Ajouter des champignons coupés et séchés, incorporer le beurre et les épices, et bien mélanger jusqu'à obtenir une masse élastique. Mélanger la viande et les œufs battus, ajouter les quatre œufs restants et bien mélanger encore une fois.

Préparer la pâte et l'étaler à 3 millimètres d'épaisseur. Placer la farce sur une moitié, puis refermer et laisser cuire à feu doux 20 à 30 minutes.

Ragoût de cœur

Ingrédients :

1 cœur de bœuf
120 g de lard
2 oignons
1 racine de persil
2 carottes
3 cuil. à soupe de concentré de tomates
3 cuil. à soupe d'huile ou de saindoux
150 g de crème fraîche légère
condiments selon les goûts

Préparation :

Couper le cœur en gros morceaux, larder et faire frire dans de l'huile ou du saindoux à la poêle. Mettre les morceaux de cœur dans une casserole et les arroser constamment des sucs obtenus lors de la cuisson. Couper les oignons pelés, la racine de persil et les carottes en petits dés, puis les ajouter aux morceaux de cœur avec les épices et le concentré de tomates, ajouter un peu d'eau et laisser mijoter. Au bout de 20 minutes, ajouter la crème et servir.

ꕥ Desserts ꕥ

Pudding de carottes

Ingrédients :

300 g de carottes
200 g de sucre
2 cuil. à soupe de fécule de pomme de terre
jus de citron selon le goût

Préparation :

Éplucher les carottes, les hacher grossièrement, mouiller avec 200 millilitres d'eau bouillante et laisser bouillir jusqu'à ce que les carottes soient cuites. Ajouter le sucre, le jus de citron et la fécule diluée dans l'eau et porter à nouveau à ébullition. Verser la préparation dans des ramequins, laisser refroidir et servir froid.

Feuilleté de pain noir

Ingrédients :

100 g de pain noir
50 g de confiture d'airelles
20 g sucre
10 g de cannelle en poudre
100 ml de crème fraîche
vanille selon le goût

Préparation :

Émietter finement le pain noir, mélanger avec la cannelle et un peu de sucre. Battre la crème avec le reste du sucre et la vanille jusqu'à obtenir une chantilly. Dans des verrines, disposer successivement une couche de pain, une couche de confiture et de crème. Au moment de servir, décorer avec la confiture d'airelles.

Tatarstan

L'une des plus anciennes spécialités russes s'appelle le rasstegaï, c'est une tourte garnie de différentes farces. L'Union soviétique ressemblait à une de ces tourtes : entre Moscou et l'Oural, d'innombrables peuples et cultures cohabitaient, superposés, soigneusement enveloppés dans l'épaisse pâte de l'autonomie socialiste : les Bachkirs, les Tchouvaches, les Mordvines, les Oudmourtes sans oublier la république des Maris.

C'est au milieu des steppes de la Russie centrale qu'on trouve la république autonome du Tatarstan. À ce jour, les Tatars et leur gastronomie ne sont guère connus dans le reste du monde. L'un des clichés les plus répandus sur eux dit que les Tatars sont un peuple de nomades pour qui le cheval est à la fois un moyen de transport et un plat national. Dans le monde entier, le terme « tartare » est synonyme de viande crue. La légende veut que les nomades n'avaient pas envie de perdre leur temps à faire cuire la viande. À chaque fois qu'ils avaient faim, ils en mettaient un morceau sous leur selle et partaient au galop. Au bout d'une demi-heure, le steak tartare était prêt. Tous les Tatars que j'ai interrogés à ce sujet ont fermement démenti cette légende.

La plupart d'entre eux sont végétariens, des poètes et des penseurs de profession incapables de monter à cheval. Ils n'ont jamais été nomades et, à leurs yeux, manger du cheval relève de la perversion. Il se peut qu'ils aient vu une saucisse de cheval chez une vieille tante durant leur enfance, mais à coup sûr, c'était une saucisse russe.

En fait, le Tatarstan a d'abord été occupé par les Bulgares. Autrefois, les peuples faisaient le tour du monde à la recherche de leur patrie et se donnaient beaucoup de mal pour trouver le bon pays. C'est ainsi que les Bulgares ont atterri au Tatarstan et ont fondé la Bulgarie de la Volga. Certains historiens pensent que les anciens Bulgares seraient en réalité des Turcs qui se faisaient à l'époque passer pour des Bulgares. Mais c'est difficile à prouver aujourd'hui. Selon la version officielle, le khan bulgare Kurbat, qui a donné son nom à un grand brise-glace, une machine à laver et un hôtel de la Leipziger Strasse à Berlin, avait cinq fils. Quand ces derniers sont devenus adultes, le khan leur a dit : « Mes chers garçons, vous êtes des hommes maintenant, alors cassez-vous et profitez-en pour emmener vos amis. »

Les fils sont partis dans cinq directions différentes. L'un d'eux s'est rendu près de la Volga, a chassé les populations finno-ougriennes qui s'y trouvaient et fondé son propre khanat bulgare. Les Finno-Ougriens se sont brouillés et ont pris des chemins différents. Les Ougres sont allés en Hongrie et les Finnois en Finlande. Au fil du temps, les Bulgares sont devenus des Tatars. Au XIIIe siècle, ils ont eu de la visite de Mongolie. La première fois, les Bulgaro-Tatars sont parvenus à bouter les envahisseurs, mais la deuxième fois, ils ont été obligés de capituler. Les Tatars sont donc devenus des Mongols qui, sous le commandement de Gengis Khan, ont étendu leur empire jusqu'en Silésie. Cette incroyable croisade se retrouve même dans le folklore pop allemand dans l'œuvre du groupe allemand Dschinghis Khan.

La visite des Mongols a duré à peu près trois cents ans, puis ils sont retournés en Mongolie, ne laissant derrière eux que quelques khanats gouvernés par les nombreux enfants illégitimes de Gengis Khan. Les Tatars avaient trois khanats : un en Sibérie, un en Crimée et un près de la Volga. Ce dernier était gouverné par la magnifique princesse Suumbike. En 1552, le tsar Ivan le Terrible a décidé de la prendre pour femme afin d'agrandir son empire sans faire couler de sang. Ivan n'était plus tout jeune et pas vraiment un bourreau des cœurs, mais la princesse ne pouvait pas l'envoyer sur les roses comme ça. À l'époque, les princes héritiers n'avaient pas encore protégé l'accès à leur vie privée, c'est pourquoi ils devaient souvent épouser ou tuer de parfaits inconnus pour raison politique, pas parce que cela leur faisait plaisir, mais pour le bien de leur pays.

« Tu veux m'épouser ? a dit la princesse à Ivan le Terrible. Alors, prouve-moi ta puissance ! Si, en sept jours, tu arrives à construire un tour de sept étages, je ferai ce que tu voudras. »

Ivan le Terrible n'était pas seulement un redoutable guerrier, c'était un bâtisseur de tours passionné. Rien ne lui plaisait plus que de construire des tours au beau milieu de la steppe. Autrefois, la morale des ouvriers n'était pas aussi pourrie et laxiste qu'aujourd'hui, et quand Ivan le Terrible a sifflé ses sujets pour commencer les travaux, la motivation était à son comble. Au bout de sept jours, une tour s'élevait au milieu de Kazan, la capitale de la princesse, et comme promis, elle faisait sept étages. Ivan rayonnait de fierté.

« D'accord, alors allons-y. (La princesse n'était pas impressionnée le moins du monde.) On dirait qu'il va falloir que je t'épouse et que j'aille à Moscou, a-t-elle soupiré. Mais d'abord, je voudrais monter là-haut et dire adieu à mon pays. »

La princesse Suumbike est montée au septième étage, a fait un signe d'adieu à son peuple et s'est précipitée dans le vide. Ivan le Terrible a été très touché par ce geste de désespoir, ce qui ne l'a pas empêché de conquérir Kazan.

Au XXe siècle, cette ville a été le berceau de la révolution russe. Lénine a étudié dans son université, et les sociaux-révolutionnaires et les mencheviks ont voulu s'unir avec le Bachkortostan, le pays des Bachkirs, pour fonder une grande république soviétique de l'Idel-Oural. Les bolcheviks, pourtant, ont rechigné à donner autant d'autonomie aux Tatars et ont divisé le pays en deux. Ont donc été fondées une république autonome de Bachkirie et une république du Tatarstan avec Kazan pour capitale. Durant la période soviétique, le Tatarstan était principalement chargé de la production de camions et d'hélicoptères, mais comptait aussi de nombreux centres de détention. Le Tatarstan était réputé être une région pauvre. Ses habitants se rendaient souvent à Moscou pour y faire leurs courses. À l'époque, on racontait une blague à ce sujet : qu'est-ce qui est vert, long, et sent la saucisse ? Le train Moscou-Kazan. Cela explique aussi pourquoi, sur les huit millions de Tatars, seuls deux vivent encore au Tatarstan.

Les cultures russe et tatare sont étroitement liées. Beaucoup de Russes ont fait de la prison au Tatarstan, et le peintre paysager le plus connu de Russie, Chichkine, a passé sa vie à peindre la nature tatare. Ses tableaux les plus connus, *Les Oursons sur la branche* et *La Colline de bouleaux dans l'aube rouge* y ont été peints.

Aujourd'hui, Kazan n'est plus aussi pauvre qu'autrefois, et possède même quelques quartiers très chic. Leurs restaurants portent des noms aussi romantiques que « La mouette », « La douce pluie de printemps », ou « L'étoile du matin ». On y sert des soupes, des pâtes et des plats à base de pommes de terre. Mais devant l'entrée de service, je crois que des chevaux attendent toujours les gourmets avec un steak juteux sous leur selle.

Le poète chauve

J'ai rarement mangé tatar à Moscou, cette cuisine n'était pas particulièrement présente dans notre ville. Près de la place Rouge, en face du cinéma Le travailleur de choc, il y avait un bistrot tatar. On aimait bien y aller entre amis pour déguster des etchpotchmacks bien juteux, des bechbarmaks au bon goût de viande et des tchak-tchaks cuits dans le miel. Ce bistrot était le seul endroit que je connaissais à proposer de la cuisine tatare. À Moscou, je n'avais jamais été en contact avec des chevaux jusqu'au 1er mai 1989. Ce jour-là, alors que je me promenais avec mon ami Katzman, un cheval de la police montée nous a craché dessus au beau milieu de la rue. Notre ville était en pleins préparatifs de la Fête de la solidarité internationale des ouvriers. Un grand défilé devait se dérouler sur la place Rouge. À l'époque, ni moi ni Katzman n'appartenions à la classe ouvrière, mais plutôt à la classe des fainéants. Je n'avais même pas imaginé aller à cette manifestation. Mon ami Katzman, dissident actif et terroriste moral, ne ratait aucune occasion d'afficher ses opinions politiques immatures devant un large public. Le 1er mai précédent, il était allé sur la place Rouge avec un drapeau israélien. Dans le dos de sa veste, on pouvait lire « Laissez-nous partir en Israël ». Cette fois, il projetait une action du même acabit. Katzman avait proposé de nous faufiler au milieu des ouvriers dans le défilé officiel, lui muni d'un marteau et moi d'une faucille pour déstabiliser les communistes. Je ne possédais pas de faucille et ignorais où m'en procurer une. Aucun magasin à Moscou n'en vendait. En revanche, tous les ménages possédaient un marteau, tout comme des aiguilles et des ciseaux.

« On n'aura qu'à prendre tous les deux un marteau », a dit Katzman qui abandonnait rarement ses bonnes idées.

Au bout d'une longue négociation, je suis parvenu à dissuader mon ami d'exécuter son plan. Pour la peine, j'ai dû l'accompagner à la manifestation sans rien du tout, juste pour regarder. Nous sommes sortis et sommes passés devant la gare de Biélorussie en direction de la place Rouge. Le dispositif de sécurité était impressionnant. La moitié de la ville était bouclée. Partout se tenaient des policiers, des officiers, des agents chargés de maintenir l'ordre avec ou sans uniforme ou juste un bandeau rouge autour du biceps. Devant la gare, la police montée formait une sorte de haie d'honneur, si bien que quiconque voulait prendre le métro se trouvait obligé de passer entre deux rangées de chevaux. Nous nous sommes embarqués avec la foule d'ouvriers au milieu de ce passage. Malgré notre attitude pacifique, les chevaux ont immédiatement remarqué que quelque chose clochait chez nous. Ils ont montré des signes de nervosité.

« Ne les regarde pas dans les yeux, ils n'aiment pas ça », ai-je eu le temps de dire à mon ami, mais c'était trop tard, l'une des bêtes avait craché sur Katzman, l'atteignant en plein milieu de la figure. Le policier assis sur le cheval a esquissé un sourire indulgent. Loin de lui l'idée de s'excuser pour le comportement de sa monture. Nous avons été totalement surpris par cette attaque. Nous savions que les chameaux pouvaient cracher, mais même ça, nous ne l'avions vu qu'à la télé. Katzman n'a pu accepter cette humiliation. Il a craché en retour. Le cheval s'est cabré et le policier est tombé.

Bref, nous aurions mieux fait d'emporter une faucille et un marteau. Nous n'avons été libérés du commissariat que tard dans la soirée. Le gardien chargé de nous surveiller nous a menacés de l'exécution immédiate de la peine de mort si l'on nous surprenait encore une fois dans un quelconque lieu de Moscou où se trouvaient d'autres personnes, des animaux, des policiers, des oiseaux ou des reptiles. Nous nous sentions exclus de la société. D'un autre côté, nous avions de toute façon depuis longtemps l'intention de voyager. Ce petit incident avec le cheval a fini de nous convaincre d'organiser notre voyage dans la vallée de la Volga. Après avoir visité huit villes en vingt jours, nous nous sommes rendus jusqu'à Astrakhan et retour.

Nous avons fait, entre autres, halte à Kazan. Sur la rive du fleuve, des enfants et des retraités vendaient du poisson séché. Dans le centre-ville, les habitants traversaient la rue en savates vertes et, sur les bancs publics, des grands-mères mâchaient des graines de tournesol. Du linge était suspendu partout au-dessus des voies publiques. Il bouchait la vue aux quelques rares voitures qui passaient. Au milieu du linge, on trouvait aussi des drapeaux rouges suspendus au-dessus des rues, ainsi que quelques portraits de Lénine et des bannières incompréhensibles pour nous. Les lettres étaient les mêmes que les nôtres, mais mises bout à bout, les phrases n'avaient pas de sens. « Lenin bene, lenin mene, lenin tirdildk » ou quelque chose comme ça.

« Les communistes ont fait perdre leur latin aux Tatars et ceux-ci sont obligés de s'exprimer en cyrillique », m'a expliqué Katzman.

D'abord, nous avons sillonné Kazan à la recherche de quelque chose de comestible. Dans les magasins que nous avons visités, il n'y avait en effet que des allumettes, quelques rares bouteilles d'eau minérale, des savates vertes et des cigarettes de la marque Prima. Notre dernier espoir était Marat, un vieil ami de Kazan que nous avions connu des années plus tôt à Moscou. Mais nous n'avions pas son adresse. Kazan était une chouette ville : on pouvait demander l'adresse de quelqu'un à n'importe qui. Après avoir décrit notre ami à plusieurs personnes, on nous a aussitôt montré sa maison.

Marat était un petit homme très vif qui portait une longue barbe, on aurait dit un moine volant de Shaolin sorti d'un vieux film chinois. Marat habitait un deux-pièces avec sa femme, qui était partie faire du shopping à Moscou, et trois filles adolescentes : Aurora, Venera et Zemfira. L'une était rousse, l'autre blonde, et la troisième brune. Marat lui-même était chauve et poète, peintre et penseur de profession. Il traduisait aussi à ses heures perdues de la poésie tatare antique et bachkire en russe et illustrait des contes populaires. Il ne faisait donc rien pour gagner son pain et n'avait rien à manger à part des pommes. Mais Marat ne souffrait pas de sa pauvreté, trop absorbé par son activité créatrice. En tant que poète, Marat ne pouvait avoir d'emploi régulier, car sa muse pouvait lui rendre visite à tout moment, et elle était très capricieuse. Elle venait à lui chaque jour, mais à chaque fois, là où il l'attendait le moins. Par exemple, aux toilettes. Il criait alors à ses filles de lui glisser immédiatement son bloc-notes et son stylo sous la porte. Elle venait le voir lorsqu'il était dehors et n'avait pas de stylo sur lui. C'est pourquoi Marat ne sortait pratiquement jamais de chez lui. Elle lui rendait visite durant son sommeil, mais au réveil il ne se souvenait plus de rien, c'est pourquoi il restait éveillé la plupart du temps.

Nous avons discuté avec ses filles de la difficulté de se nourrir à Kazan. Selon nous, il devait y avoir un secret. Marat lui-même ne s'intéressait apparemment pas beaucoup à la nourriture. Il cherchait sa muse et se nourrissait principalement de thé et de cigarettes de la marque Prima. Il buvait son thé et mangeait des pommes, c'était sa cuisine tatare.

L'économie planifiée socialiste fonctionnait selon une logique étrange, difficilement compréhensible. En règle générale, il n'y avait rien nulle part, mais parfois, les choses les plus bizarres apparaissaient dans les lieux les plus reculés. Les filles nous ont raconté qu'un magasin de Kazan vendait des abats.

« Ils ont à chaque fois autre chose, ont raconté les filles. Des tripes, des pieds, du foie de génisse ou de la langue. »

Vu la faim qui nous tenaillait, aucun pied au monde n'aurait pu nous effrayer. Nous aurions même pu manger des cornes. Nous nous sommes donc rendus dans ce magasin. Ce jour-là, point de pieds de quoi que ce soit, mais seulement des pis.

« Je vous ferai du karik karta, a proposé Marat, c'est un plat ancestral tatar. »

Je n'avais jamais mangé de karik karta, et mon ami Katzman non plus. Nous avons acheté cinq kilos de pis.

« Les pis doivent d'abord tremper quelques jours dans l'eau », nous a expliqué Marat.

Avec nos estomacs qui criaient famine, nous avons décidé de les cuire immédiatement. Les filles ont mis de l'eau à bouillir. Les pis ont coloré l'eau en blanc et il fallait régulièrement écumer la mousse. Toute la famille s'est réunie autour de la cuisinière. Au bout de cinq heures de cuisson, l'eau dans la casserole était toujours aussi blanche que du lait. Marat a mis son doigt dans l'eau bouillante, a tâté les pis et a secoué la tête. « Toujours pas prêt ! » Nous avons changé l'eau et avons bu le concentré de lait. Ce n'était pas mauvais, même un peu exotique. Puis nous avons continué à faire mijoter les pis. La cuisson a duré presque toute la nuit. Les filles et quelques voisins intrigués par notre expérimentation culinaire ont fait leur apparition, apportant avec eux un peu de pain, de la saucisse faite maison et des pommes de terre ainsi qu'un radiocassette. Au bout d'un moment, nous avons été tous rassasiés et mon ami Katzman en a même eu la diarrhée parce qu'il avait mangé des pommes avec le lait concentré. Les pis ont continué de cuire et ont pris une couleur jaunâtre.

« Mauvaise couleur, pas encore prêt », a marmonné Marat.

La même nuit, Katzman et moi avons décidé de plier bagage et de poursuivre notre voyage en direction d'Astrakhan. Je ne sais donc toujours pas quel goût ont les pis ni de quelle couleur ils sont quand ils sont prêts. Est-ce qu'on mange le karik karta vert, bleu ou rouge ? Peut-être que Marat les cuit toujours… Mais la plus grande leçon culinaire que j'aie tirée de cette expérience à Kazan est celle-ci : en matière de cuisine, tout ne dépend pas des ingrédients.

La cuisine tatare

Toutes les proportions sont établies pour quatre personnes

ꕥ Entrée ꕥ

Etchpotchmack (gâteau triangulaire)

Ingrédients :

200 g de pâte levée
200 g d'agneau ou de bœuf
4 pommes de terre
60 g de beurre
1 oignon
2 œufs
sel
poivre
bouillon de viande

Préparation :

Couper les pommes de terre et la viande en dés de la grosseur d'une noisette et les mettre dans un saladier. Ajouter l'oignon haché, le beurre, saler, poivrer et bien mélanger. Étaler la pâte et couper des ronds à l'emporte-pièce avec un verre. Mettre un peu de farce sur chaque rond de pâte, relever les bords de la pâte en trois endroits et les presser ensemble. Veiller à ce qu'il reste une petite ouverture au milieu. Badigeonner les trois côtés à l'œuf et faire cuire 30 minutes à 180 degrés.

Sortir du four et injecter du bouillon dans chaque ouverture à l'aide d'une seringue. Laisser cuire encore 30 minutes au four.

ꟿ Soupe ꟿ

SOUPE NOMADE

Ingrédients :

500 g d'agneau
400 ml de bouillon
20 g de concentré de tomates
200 g de raifort
1 oignon
50 g de lard
1 gousse d'ail
400 g d'os à moelle

400 g d'os à moelle
1 cuil. à soupe d'épices
sel
poivre selon le goût

Pour la farce :
100 g de farine
eau

Préparation :

Couper la viande d'agneau et le lard en petits morceaux et faire revenir dans la poêle, ajouter du concentré de tomates. Ajouter l'oignon et le raifort finement hachés. Mettre la viande, l'os à moelle et les légumes dans une casserole, recouvrir de bouillon et faire cuire 15 minutes. Couper la pâte en nouilles fines, les mettre dans la soupe et laisser cuire encore 3 à 4 minutes. Servir avec de l'ail finement haché et des épices.

ꟾ Plat principal ꟾ

Raviolis au chènevis

Ingrédients :

Pour la farce :
2 pommes de terre
1 œuf
50 g de crème fraîche légère
20 g de beurre
100 g de viande hachée
2 cuil. à soupe de chènevis

Pour la pâte :
200 g de farine
1 œuf
4 cuil. à soupe d'eau

Préparation :

Faire sécher les chènevis 2 heures dans le four, puis les broyer dans un mortier. Mélanger aux pommes de terre réduites en purée, à la viande hachée et à l'œuf. Préparer la pâte et l'étaler. Couper des ronds de pâte à l'aide d'un verre, mettre un peu de farce sur chacun des ronds et les refermer. Placer les raviolis ainsi obtenus dans de l'eau bouillante et les faire cuire jusqu'à ce qu'ils remontent à la surface. Servir avec de la crème fraîche légère ou du beurre.

ꕥ Dessert ꕥ

Tatli

Ingrédients :

Variante 1 :
5-6 g de thé noir
100 ml d'eau
100 ml de lait
1 cuil. à soupe de beurre
sel selon le goût

Variante 2 :
500 g de sucre
150 ml de lait

Préparation :

Variante 1 : Mettre le thé et le lait dans l'eau bouillante, faire bouillir 5 minutes, remuer de temps en temps, saler, ajouter du beurre, servir dans des verres à thé.

Variante 2 : Faire cuire le sucre dans le lait 30 minutes, remuer de temps en temps. Pour vérifier que le tatli est prêt, on en prend une cuillerée à café que l'on met dans de l'eau froide : si une petite boule se forme, c'est qu'il est prêt. Étaler sur une plaque la masse ainsi obtenue en une abaisse d'environ 2 centimètres d'épaisseur et découper des figures dans la pâte : le chevalier, le serpent, le cheval.

Russie du Sud

Le sud de la Russie a longtemps été l'exemple même de l'internationalisme soviétique. L'étranger et le mécréant faisaient depuis longtemps partie intégrante du quotidien. Au moins trois douzaines de peuples vivent et travaillent dans les montagnes et les steppes du nord du Caucase : des Ossètes, des Tcherkesses, des Russes, des Ukrainiens, des Arméniens, des Ingouches, des Kabardes, des Tchétchènes. Ils sont musulmans, chrétiens, adeptes du culte du feu, autochtones ou immigrés. Tous vivent en paix, mais sans s'apprécier particulièrement. Trop de préjugés et de vieux contentieux les opposent, ainsi que d'armes à feu qui, dans la région, font quasiment partie de tout costume traditionnel. Aussi, la moindre petite altercation peut dégénérer en bain de sang. En ajoutant à cela le célèbre tempérament caucasien, on obtient un mélange détonant : un pied écrasé dans le tramway ou une parole maladroite suffit à mettre le feu aux poudres. Voilà pourquoi ils sont tous empêtrés dans une mystérieuse politesse qui paraît souvent artificielle. Même un ami, on ne le salue pas quand il a le dos tourné, cela pourrait l'effrayer et il pourrait réagir de manière inappropriée.

Les deux premières guerres tchétchènes ont amené encore plus d'armes dans le Sud russe. Les gens s'y sont habitués et ne confondent pas la peur avec la nécessaire prudence. Même quand quelqu'un se promène avec une kalachnikov, il ne tardera pas à rencontrer quelqu'un d'autre arborant un lance-roquettes Stinger. Quand on croise le chemin d'un porteur de lance-roquettes, il vaut mieux ne rien dire du tout, ni « bonjour » ni « au revoir ». L'impassibilité est l'attitude obligée. Les gens du cru grandissent avec cette impassibilité, toujours sur leurs gardes et polis avec leurs voisins.

Dans les années 90, cette sympathique société a été le refuge de beaucoup de minorités qui ont dû quitter leur patrie après la chute du socialisme à cause de conflits ethniques : les Arméniens d'Azerbaïdjan, les Cosaques russes de Tchétchénie et les Kurdes, dont personne ne savait exactement d'où ils venaient. Mais de toute façon, tout le monde s'en fichait. Les origines nationales comptent peu dans cette région, en tout cas beaucoup moins que l'ardeur au travail et le courage.

Le Sud russe a toujours été faiblement peuplé. Au XVIIe siècle, les déserteurs, les mécréants et les rebelles de tous bords s'y retrouvaient. Après la chute de l'U.R.S.S., les nombreux kolkhozes ont été démantelés et les ronces ont envahi les champs de maïs et de tournesol. Ni les chevaux ni les vaches ne paissaient plus dans les prés. Et puis il s'est produit ce qui se produit toujours dans de pareils cas : les populations en fuite ont trouvé des terres abandonnées.

Bien sûr, les autochtones ont mis à l'épreuve les nouveaux venus. Même dans le Caucase, on rêve toujours d'une proie facile. Avec les Cosaques tchétchènes, c'est allé très vite. Un soir, les voisins indigènes sont venus leur rendre visite pour leur présenter leurs nouveaux fusils de chasse. Les Cosaques, de leur côté, ont été fiers de leur montrer ce qu'ils avaient rapporté de Grozny : un AK74, automatique, six cents tirs minute. Ils ont parlé encore un peu de la pluie et du beau temps et des perspectives de récoltes avant de se souhaiter mutuellement une vie paisible et de prendre congé.

Les Arméniens aussi étaient respectés, mais les Kurdes ont fini par émigrer.

Ils ont vécu ainsi dans la steppe, U.R.S.S. ou non, il y avait beaucoup de place pour tout le monde et peu de présence étatique.

Et puis un beau jour, au milieu des années 90, les Chinois sont arrivés. Cet afflux de gens aurait fait perdre son sang-froid au plus détendu des Caucasiens. Jusqu'ici, on avait seulement entendu parler des Chinois à la télé, dans les reportages qui rapportaient combien de territoires ils avaient déjà peuplé en Extrême-Orient et en Sibérie. Souvent arrivés en clandestins, ils fondaient des villages au milieu de la taïga, coupaient du bois et le revendaient en Chine. Les journaux russes de droite ont tiré la sonnette d'alarme : « Notre chère patrie envahie par la Chine ! » Dans le Sud, on s'en amusait plutôt : « On arrivera toujours à joindre les deux bouts ici, au moins jusqu'à l'arrivée des Chinois », plaisantait-on en pensant « quand les poules auront des dents ». Mais un beau jour, ils sont arrivés.

Ils ont affermé les champs de maïs et de tournesol, transformé la terre en marécage et ont planté du riz et des poireaux. Les bulbes de poireaux chinois étaient d'une taille parfaite et se vendaient comme des petits pains au marché. Les autochtones pestaient en les voyant. L'eau de la région est salée et minérale, la terre contaminée par une telle eau donne une ou deux bonnes récoltes, puis elle est incultivable pour des décennies.

« Ces maudits Chinois détruisent tout notre sol ! se sont indignés les Russes. Ils n'ont aucun respect pour notre terre ! »

Mais les Chinois n'avaient aucune intention d'en avoir. Quand la première terre était devenue infertile, ils en louaient une nouvelle. Le reste du temps, ils travaillaient comme des forcenés dans leurs champs – vingt heures par jour, entièrement à la main sans la moindre machine. Ils ne se sont pas non plus laissé impressionner par les fusils de chasse des autochtones. Depuis, la communauté chinoise est bien implantée dans le nord du Caucase. Clandestins ou non, souvent avec un passeport pour vingt personnes, ils vivent là-bas. Et quand les agents chargés de l'ordre public rendent visite aux nouveaux locataires, on leur graisse la patte avec de l'argent ou des cadeaux.

Au fil du temps, la plupart des autres nations se sont habituées aux Chinois. Seuls les Russes continuent de râler. Parce que les Chinois ne semblent consacrer leur peu de temps libre qu'à dormir et se reposer, à la fin des baux, il naît plus d'enfants chinois dans les villages russes que d'autochtones. On leur donne le surnom à la fois tendre et raciste de « petits yeux bridés ».

Cinq poulets dans la crème

En 1992, la guerre civile a éclaté en Tchétchénie. Le nouveau président Doudaïev a déclaré l'indépendance de la Tchétchénie, et les agressions sur la population russe se sont multipliées. Au début, ce n'étaient que des cas isolés. On se racontait l'histoire d'un ami d'un ami qui habitait à l'autre bout de la ville et qui avait péri dans l'incendie de sa maison parce qu'il avait refusé de s'en aller. L'été venu, même les Tchétchènes les plus modérés ont conseillé à leurs voisins russes de prendre la tangente. Les Russes ont dû brader leur maison et partir vers l'inconnu. La pression était grande et le temps limité. On tirait des coups de feu la nuit, et on négociait le jour. Fin juillet, la famille de ma belle-mère a quitté sa ville natale, Grozny, dans un camion de location, avec six femmes dans la benne et un homme au volant. Ils sont partis en Russie dans la région caucasienne de Mineralnye-Vody. Des Tchétchènes s'y étaient déjà réfugiés par le passé, surtout des Cosaques venus commencer une nouvelle vie dans la steppe sous le drapeau russe. Les paysans de la région ont accueilli les nouveaux venus avec méfiance. Tout le monde savait que les Cosaques n'y connaissaient rien à l'agriculture. Mais ils s'entraidaient. Avant même de commencer à construire leur maison, les réfugiés cosaques ont planté des arbres. Leurs jardins et leurs arbres centenaires leur manquaient particulièrement. Ils ont donc d'abord planté un noyer, un sapin, un cerisier et un abricotier.

Heureusement, l'été 1992 n'a pas été particulièrement chaud et il a plu un jour sur deux. La famille a mis en culture une plate-bande d'aneth, de persil et de poireaux qui rapportait une petite récolte tous les quinze jours. Jusqu'à la mi-octobre, ils s'en sont sortis en vendant les herbes à la gare près de chez eux pour 50 roubles le bouquet. Avec ce qu'ils gagnaient, ils achetaient des petits pains chauds, des pommes de terre pour 250 roubles et des conserves de poisson bon marché : des « Harengs à la tomate ». Cette nourriture leur a suffi à tenir les premiers temps. Les petits pains chauds de la gare étaient bons, leur nouvelle vie commençait à se mettre sur les rails. Ils étaient presque heureux. Avec le reste de l'argent, ils se sont acheté encore quelques plants de pêchers au marché.

Les paysans du village se sont moqués de cette obsession arboricole. Ils ne donnaient pas cher de ces projets. Eux-mêmes avaient des cochons, des centaines de poules et même parfois quelques vaches. Les Cosaques ne pouvaient pas se le permettre. Ils auraient eu besoin d'avoir accès au stock de foin du kolkhoze bovin, « L'héritage d'Ilitch », qui tombait en ruines à 7 kilomètres du village. Les Cosaques se sont donc consacrés aux légumes.

Le sol argileux du Caucase ne s'est pas révélé particulièrement fertile. La chaleur craquelait le sol et l'eau disparaissait dans les fissures. Les doryphores attaquaient les pommes de terre, si bien que pour trois kilos plantés, on n'en récoltait que deux. Le vent apportait des mauvaises herbes qui obligeaient les Cosaques à passer leurs journées accroupis à les arracher une par une dans la célèbre position de combat : tête en bas et fesses en l'air. Les fraises, les tomates, les poivrons, les concombres, en bref, tout ce que le doryphore n'avait pas attaqué, était récolté.

En même temps, ils construisaient leur maison. Ils en avaient assez de la vie en roulotte. À la Saint-Sylvestre 1993, la maison était finie. La famille a pu emménager, et avec elle Big Bill, le chien qui avait également fait le voyage depuis Grozny, et deux chats. Le printemps suivant, la famille a acheté à crédit deux oies et deux douzaines de poules chez un éleveur de volaille du village. Mais l'investissement ne s'est pas révélé rentable. Les oies ne cessaient de s'échapper, jusqu'à ce que Big Bill dévore l'une et que l'autre serve de déjeuner à un vautour caucasien. Avec les autres bêtes, ça a été l'inverse : personne ne pouvait se résoudre à les tuer. Les enfants se mettaient immédiatement à pleurer quand un membre de la famille allait dans la cour un couteau à la main. Les poules sont donc toutes mortes de vieillesse, l'une après l'autre. Les paysans du village étaient pliés en deux : « Pas étonnant que les Tchétchènes vous aient virés ! » ont-ils raillé.

Au bout de quelques années pourtant, ils ont commencé à les envier. Tandis qu'eux-mêmes vivaient toujours avec leurs cochons et leurs poules au milieu de la steppe, desséchés par le soleil et le vent, les Cosaques s'épanouissaient dans une véritable oasis. Le sol caucasien n'était certes pas propice à la culture des légumes, mais parfait pour celle des arbres de toutes sortes. Ils poussaient à une vitesse hallucinante. Au premier noyer ont succédé quarante-cinq autres. Les abricotiers, les pêchers et les cerisiers formaient un petit jardin d'Eden au milieu de la steppe. Aujourd'hui, ils ont douze ans. Les Cosaques boivent du vin de pêche fait maison et mangent du gâteau aux noix. Depuis quelques années, des ceps de vigne s'épanouissent dans le jardin. Presque tout le monde au village est autosuffisant, et on ne va au marché qu'une fois par semaine pour chercher des pommes de terre et de la farine pour tout le monde. Le reste des denrées est issu de sa production personnelle ou troqué avec le voisin. Celui qui a une vache fournit les autres en crème et reçoit en échange des concombres, des tomates ou du vin. Dans la cave de ma belle-mère, on trouve assez de tonneaux pour assurer la bonne humeur d'une armée durant la prochaine guerre de trente ans.

Le vin de ma belle-mère est célèbre dans toute la région, et arrive en tête de liste des mets locaux les plus savoureux. J'ai moi-même eu le privilège de goûter à cette boisson fascinante. On dirait une limonade légère, mais en réalité c'est plus fort que de la vodka. On reste clair dans sa tête, mais au bout du deuxième verre, on est sous la table. La seule chose que ma belle-famille ne maîtrise toujours pas est l'abattage des poulets. Ils achètent donc au marché des cuisses de poulet américaines que les habitants appellent les « cuisses de Bush ». Ces cuisses de Bush ont bonne réputation dans la région, car elles sont encore moins chères que les cuisses locales, elles sont belles et ne s'avarient jamais. Les gens en achètent toujours un quintal d'un coup. La maîtresse de la maison enrobe le poulet de crème et le frotte à l'ail, puis le dépose dans un plat en verre pour ne pas perdre le jus. Ensuite le morceau de poulet est cuit au four. Accompagné de beaucoup de légumes et d'un fût de dix litres de vin sur la table, voilà le dîner cosaque déjà prêt.

Récemment, la famille a eu une nouvelle idée géniale : creuser dans le jardin un étang bordé de quelques beaux sapins et bouleaux, agrémenté d'une petite cascade et de quelques carpes bien grasses que l'on pourra manger plus tard ou revendre au marché. Les gens du village ne croient pas à la viabilité d'une telle entreprise.

« À tous les coups, ça donnera des poissons rouges », se moquent-ils.

La cuisine de la Russie du Sud

Toutes les proportions sont établies pour quatre personnes

ꟃ Entrées ꟃ

Vinaigrette

Ingrédients :

2 pommes de terre
1 betterave rouge
2 concombres
2 carottes
100 g de choucroute
1 oignon
100 ml d'huile de tournesol
1 cuil. à café de vinaigre
sel
poivre

Préparation :

Faire cuire les pommes de terre, la betterave et les carottes. Les laisser refroidir, les peler et les couper en petits cubes. Arroser la betterave de vinaigre pour qu'elle ne déteigne pas sur le reste. Couper les concombres en dés, presser la choucroute, peler et émincer l'oignon. Mélanger tous les ingrédients, saler, poivrer et assaisonner d'huile. Servir froid.

Courgettes à la mayonnaise

Ingrédients :

4 courgettes
2 cuil. à café d'huile de tournesol
1 gousse d'ail
200 g de farine
200 g de mayonnaise
poivre
sel
persil

Préparation :

Laver les courgettes, les peler et les couper en tranches. Paner chaque tranche dans la farine, saler, poivrer et faire dorer des deux côtés à la poêle dans un peu d'huile. Écraser l'ail et ajouter à la mayonnaise, bien mélanger. Badigeonner abondamment de mayonnaise un côté de chaque tranche de courgette, puis disposer toutes les tranches sur un plat en faisant un petit tas et décorer le sommet avec un peu de persil haché.

ꟸ Soupe ꟹ

Solyanka à la viande

Ingrédients :

200 g de bœuf
200 g de veau
100 g de lard
100 g de saucisses de Francfort
250 g de volaille
3 oignons
3 cornichons
4 cuil. à soupe de concentré de tomates
100 g de câpres
100 g d'olives
1 citron
légumes pour pot-au-feu
fines herbes
sel
poivre
crème fraîche épaisse

Préparation :

Préparer un bouillon avec la viande de bœuf et les légumes pour pot-au-feu. Retirer la viande et la couper en petits morceaux, faire cuire la volaille et la couper également en petits morceaux. Émincer les cornichons et les faire revenir brièvement dans un peu de bouillon. Hacher finement les oignons et les faire revenir également dans le bouillon, ajouter le concentré de tomates et laisser cuire 6 minutes. Ajouter le bœuf, la volaille, le veau, le lard et les saucisses, puis les cornichons, les oignons et les câpres au bouillon, et laisser mijoter 20 minutes. Servir avec la crème fraîche, une rondelle de citron, les herbes hachées et les olives.

Plats de résistance

Poisson mariné

Ingrédients :

400 g de filet de poisson
2 cuil. à soupe de farine
4 cuil. à soupe d'huile végétale
1 oignon
herbes aromatiques

Pour la marinade :
3 carottes
2 oignons
1 grosse racine de persil
4 cuil. à soupe d'huile
2 cuil. à soupe de concentré de tomates
2 cuil. à soupe de vinaigre
1 cuil. à café de sucre
400 ml d'eau ou de court-bouillon
sel
épices (poivre, feuille de laurier, clou de girofle, cardamome, coriandre)

Préparation :

Couper le filet de poisson en dés, saler et fariner, puis faire dorer à la poêle dans un peu d'huile. Couper les légumes en julienne, les faire revenir dans l'huile, ajouter le concentré de tomates et poursuivre la cuisson durant 7 minutes. Ajouter l'eau ou le court-bouillon, le vinaigre et les épices, puis faire mijoter 15 à 20 minutes. Ajouter le sel et le sucre. Arroser le filet de poisson de la marinade et faire cuire à l'étuvée durant 25 minutes sans mélanger. Saupoudrer le plat d'herbes hachées et servir froid.

Teftelen à la mode cosaque

Ingrédients :

500 g de viande hachée
200 g de champignons frais
1 oignon
8 pommes de terre
100 g de beurre
huile
farine
sel

Pour la sauce :
150 g de crème fraîche
50 g de beurre
1 cuil. à soupe de farine
sel

Préparation :

Saler la viande hachée, ajouter un peu d'eau et mélanger. Hacher finement l'oignon et le faire revenir dans le beurre. Former des boulettes avec la viande hachée et les écraser. Au milieu de chaque pâté, incorporer un peu de champignon et d'oignon, et former à nouveau une boulette, paner dans la farine, puis faire frire dans la poêle. Laver les pommes de terre, les peler, les couper en fines tranches et les faire frire. Pour la sauce, faire chauffer la farine sans beurre jusqu'à ce qu'elle prenne une couleur crème. Ajouter le beurre, la crème et le sel, bien mélanger et porter à ébullition. Mettre les boulettes de viande dans un plat et placer les pommes de terre autour. Arroser de sauce et faire cuire 30 minutes au four à 180 degrés. Servir chaud.

Dessert

Prunes aux amandes

Ingrédients :

Variante 1 :
500 g de pruneaux
200 g d'amandes
200 g de crème fraîche
3 cuil. à soupe de sucre glace
100 ml de sauce au chocolat

Variante 2 :
500 g de pruneaux
200 g d'amandes
20 cl de vin blanc
3 cuil. à soupe de sucre glace
100 ml de sauce au chocolat

Préparation :

Variante 1 :
Mettre les pruneaux dans un bol d'eau chaude et laisser gonfler durant 2 heures. Arroser les amandes d'eau bouillante et retirer la peau. Enfoncer une amande dans chaque pruneau. Placer les pruneaux farcis dans un bol, recouvrir de crème fraîche mélangée au sucre glace. Arroser de sauce au chocolat.

Variante 2 :
Dans une casserole, faire cuire 5 minutes les pruneaux avec le vin blanc puis laisser refroidir. Enfoncer une amande dans chaque pruneau, disposer dans un bol, saupoudrer de sucre glace et arroser de sauce au chocolat.

ANNEXE I

LES VRAIS RUSSES N'AIMENT PAS LE CAVIAR

Le mythe selon lequel la vodka et le caviar seraient des produits de choix typiquement russes est faux. Comme n'importe quel être sensé, le Russe préférerait cent fois accompagner sa vodka d'un cornichon et réserver le caviar pour le réveillon du Nouvel An. Ce produit noble a toujours eu une place ambiguë en Russie : ce n'était ni un aliment populaire ni un mets de prestige recherché. Dans ma jeunesse socialiste, le caviar était un produit de propagande, non pas destiné à être consommé mais à être utilisé pour crâner à l'étranger. On trouvait rarement du caviar dans les frigos du peuple. Le pouvoir soviétique préférait donner la priorité à d'autres denrées, comme le fromage fondu « Amitié » emballé dans de l'alu, ou le « Sajra dans son jus » ou encore le « Jeune taureau à la sauce tomate », des conserves de poisson tout à fait propres à l'U.R.S.S., inconnues du reste du monde. Ces conserves tapissaient les vitrines de toutes les épiceries.

Le caviar, quant à lui, était un objet politique instrumentalisé de toutes parts. Les monarchistes prétendaient qu'avant la révolution, il y avait du caviar en quantité pour les riches et les pauvres, mais que les communistes en avaient dévoré toutes les réserves. Les staliniens, quant à eux, prétendaient que le caviar était présent sur les étagères de tous les magasins d'alimentation. Plus tard, Gorbatchev a été soupçonné d'avoir vendu tous les stocks de caviar aux capitalistes. On accusait toujours l'ennemi d'avoir épuisé les réserves de caviar. Chez nous, il y en avait un peu sur la table les jours de grande fête. Souvent, personne n'y touchait.

« Ils ont mangé tout le hareng et les cornichons, mais ils ont laissé le caviar », se plaignait toujours ma mère, une fois les invités repartis.

Après la chute du socialisme, on aurait pu s'attendre à ce que les nouveaux riches dégustent quotidiennement du caviar hors de prix au petit déjeuner, rien que pour se distinguer culinairement du reste de la population. Mais les riches n'aimaient pas ça. La plupart d'entre eux venaient de familles d'ouvriers et avaient grandi avec les cornichons. Ils avaient plutôt envie d'exotisme occidental. Ce n'est donc pas le caviar qui est devenu le symbole de la vie de pacha en Russie, mais l'ananas. Presque comme en Allemagne, où la réunification a littéralement eu lieu sous le signe de la banane.

Chez nous, l'ananas est devenu le symbole de la flambe. À l'époque de la révolution d'Octobre, le poète Vladimir Maïakovski avait lancé à l'empire en train de s'étioler : « Bouffez des ananas et des perdrix avant de pousser votre dernier soupir ! » À l'époque de la contre-révolution, l'ananas avait fait sa réapparition dans les menus. On le servait en accompagnement moderne de la vodka. Le caviar, en revanche, a continué d'être un fleuron de l'exportation, quelque chose que l'on aime bien vendre aux autres mais pas manger soi-même.

À Astrakhan, une ville près de la Volga, il y a un marché où l'on vend du caviar à la sauvette pour la modique somme de 150 euros le kilo. Bien sûr, l'achat et la vente de caviar sur ce marché sont susceptibles de poursuites judiciaires, ce qui n'empêche en rien de rassembler quotidiennement quelques téméraires en quête de quelques kilos de caviar qu'ils pourraient revendre à Moscou pour le quintuple du prix. À Astrakhan, beaucoup de vendeurs travaillent en étroite coopération avec la police. Quand ils ont vendu leur marchandise, ils préviennent la police qui arrête la voiture, confisque le caviar et réclame une forte amende. Peu après, le caviar atterrit à nouveau sur l'étal du même vendeur. Un ami à moi a un jour réussi à déjouer ce système infernal en ingurgitant immédiatement toute la boîte de caviar au lieu de le transporter jusqu'à Moscou. Les policiers n'ont pas voulu le croire, alors qu'il empestait la poiscaille à plein nez.

Aujourd'hui, les millionnaires russes ne mangent certes plus d'ananas, mais engagent des cuisiniers français ou se font livrer des sushis en jet privé. Un ami de longue date qui avait commencé en Union soviétique comme joueur de poker et qui a monté les échelons jusqu'à devenir un propriétaire de casinos richissime m'a récemment raconté que sa troisième femme donnait du caviar à manger à Albert, son chat préféré. Ce propriétaire de casino était venu en Allemagne pour y faire les magasins. Il cherchait deux choses : une belle voiture de sport pour lui et une maisonnette pour chats pour sa femme. Son séjour shopping s'est révélé éprouvant. La maisonnette du chat nouveau riche était immense et complexe. Il fallait la fixer au plafond, l'intérieur était en bois verni et l'extérieur recouvert d'une fourrure de lapin de laquelle pendaient des souris blanches. Bref, la maisonnette ne rentrait pas dans la voiture de mon ami à bout de nerfs. De temps à autre, sa femme appelait de Moscou pour lui faire part des dernières nouveautés sur l'appétit de son chat.

« Albert a mangé cent grammes tout à l'heure », racontait-elle fièrement.

En nous y mettant à deux, nous avons fini par faire entrer la maisonnette dans la voiture. Bien plus tard, j'ai appris que nos efforts avaient été vains puisqu'Albert, engraissé comme il était, ne rentrait de toute façon pas dans la maisonnette.

« Mêmes les riches ont des raisons de pleurer », a observé ma femme.

Annexe II

La cuisine de maman

De toutes les attractions culinaires de mon enfance, le plat qui aura le plus marqué ma mémoire est le kholodets, un mélange de soupe et de plat de viande qui ressemble à un aspic mais infiniment meilleur et – le plus important – qui tient tout seul sans aucun ajout de gélatine. À chaque grande occasion, peu importe que ce fût un anniversaire très attendu ou une visite surprise des cousins d'Odessa, ce mets trônait sur notre table de fête. Bien que ma mère insistât sur l'unicité de cette recette héritée de sa grand-mère, il m'était arrivé de voir le même plat chez d'autres. Ma grand-mère avait dû révéler le secret de sa recette au reste de la population.

Lors des rares jours fériés que notre pays permettait de fêter en privé, sans regrets ni se soucier du lendemain, le kholodets occupait une place privilégiée. En Russie, l'année comptait quatre jours fériés officiels lors desquels on n'était pas obligé d'aller au travail : le 7 Novembre, le 31 Décembre, le 8 Mars et le 1er Mai. Ces jours-là, j'ai toujours supposé que tout le monde engloutissait des tonnes de kholodets. Le grand avantage de cette spécialité était qu'elle se bonifiait avec le temps. C'est pour cette raison qu'on la préparait en grande quantité pour en avoir toujours en réserve. Ainsi, le kholodets aidait la population à surmonter les jours mornes séparant les jours fériés du 7 Novembre au 31 Décembre et du 8 Mars au 1er Mai.

Il y avait, bien sûr, d'autres plats en U.R.S.S. et, au Kremlin, on mangeait sûrement autre chose lors de ces mêmes jours fériés : du pelménis farci au caviar ? Des merles frits dans le beurre rose ? Ou un kholodets communiste particulièrement dur ? En tout cas, on n'y a jamais été invités – et on cuisinait le kholodets d'après la recette ancestrale de ma grand-mère.

Elle était arrivée d'Odessa à Moscou en 1927 et y avait rencontré mon grand-père qui venait également d'Odessa. À l'origine, ma grand-mère était venue dans la capitale pour y faire ses études, mais elle a finalement épousé mon grand-père, a eu deux filles et a abandonné les études. Entre-temps, elle a travaillé comme cuisinière dans un café. Pendant la guerre, la famille a été évacuée vers Samarkand et mon grand-père a été envoyé au front. En Asie centrale, ma grand-mère n'a pas eu souvent l'occasion d'exercer ses talents culinaires. On y manquait pratiquement de tout. Chaque famille recevait deux cents grammes de pain par personne et par jour, du thé fait à partir de carottes, et des raisins secs en guise de sucre. Trois par personne.

Après la guerre, les femmes sont retournées à Moscou. Mon grand-père, à l'époque dans la cavalerie, était tombé lors de la bataille de chars de Koursk, et ma grand-mère s'est retrouvée seule à élever ses deux filles. Dans l'après-guerre, quand il a fallu se serrer la ceinture encore plus, elle a pu compter sur ses recettes d'Odessa pour nourrir sa famille. Le don qu'avait ma grand-mère de transformer un rien en quelque chose de mangeable suscitait même l'admiration des voisins. Elle pouvait préparer un gâteau avec du vieux pain, faire une confiture avec des carottes et un peu d'oignons ; avec de la farine et des têtes de poisson, elle faisait une excellente soupe. Évidemment, ma grand-mère souhaitait transmettre ses précieuses connaissances à la génération suivante et a exigé de sa fille qu'elle l'aide à la cuisine.

« Regarde bien, disait-elle à ma mère, qui avait vingt ans à l'époque. Tu verras, il n'y a pas de mauvaise nourriture, il n'y a que de mauvais cuisiniers ! »

À l'époque, bien sûr, ma mère avait tout sauf envie de regarder et ne portait aucun intérêt à ses démonstrations culinaires. Elle avait les cheveux courts, avait vu dix fois le film *La Geste héroïque de l'éclaireur* et le film d'espionnage *Qui êtes-vous, Dr Sorge ?* basé sur l'histoire vraie d'un espion soviétique refusant de révéler sa véritable identité malgré les tortures des nazis japonais. En plus, ma mère lisait chaque nuit des romans d'aventures français et avait des plans de carrière très précis qui étaient à mille lieues de ma grand-mère et de sa cuisine. Elle préférait cent fois faire du contre-espionnage dans le sud de la France que de cuisiner des poissons.

Plus tard, elle s'est prise de passion pour la danse classique et la biochimie, puis a souhaité devenir interprète avant de faire des études de mécanique et d'intégrer l'équipe d'échecs de sa fac. Ce n'est qu'après avoir fondé une famille et emménagé dans son propre appartement qu'elle a été confrontée à la question culinaire. Mon père et moi aimions certes jouer aux échecs, mais tenions aussi à être nourris convenablement. Et là, comme si elles avaient attendu le moment propice, toutes les recettes enfouies dans l'inconscient de ma mère ont ressurgi comme par magie. Parmi elles, la recette du kholodets. Mon père et moi étions enthousiastes, bien que ma grand-mère ait fait remarquer à chacune de ses visites que ma mère faisait tout de travers. Malgré tout, c'est celui de ma mère que je préfère.

J'ai noté sa recette, on prépare le kholodets de la manière suivante :

Il faut d'abord acheter des extrémités inférieures d'un animal – en France, des pieds de porc feraient parfaitement l'affaire. Puis on lave et on broie les os, avant de les mettre à mijoter à feu très doux avec un peu d'eau durant sept à huit heures. Au bout de quatre heures, on y ajoute deux oignons pour que le plat obtienne cette fameuse couleur dorée. Au bout de six heures, on ajoute quelques feuilles de laurier et du sel. Ensuite, il faut laisser refroidir le kholodets à température ambiante. Puis on retire la couche supérieure de graisse et les oignons. On passe le bouillon au tamis, on sépare la viande des os et on la coupe en petits morceaux. Enfin, on hache deux gousses d'ail que l'on ajoute à la viande. Ensuite, on dépose le tout sur une assiette et on arrose de bouillon. Enfin, il faut encore couper deux œufs durs en rondelles et les répartir sur le kholodets. On réserve le tout une nuit au réfrigérateur et on attend que ça soit vraiment solide.

Annexe III
La vodka

Si quelqu'un devait avoir la bonne idée de rédiger un livre de cuisine international, il devrait faire face à de nombreux clichés. Aujourd'hui, tous les enfants savent qu'un Italien ne pourrait pas se passer une seule journée de pâtes, que les Français ne laissent aucune grenouille passer sans lui sauter dessus et que les Allemands meurent de faim sans kebab. Dans cette gastronomie de préjugés, mes compatriotes ne sont pas en reste. Grâce au caviar et au pelménis, ils prouvent qu'ils peuvent avoir un goût raffiné. Il est seulement dommage que ces préjugés ne correspondent malheureusement pas à la réalité. Le caviar n'est pas seulement cher chez Fauchon, mais aussi en Russie. Et même le pelménis, un ravioli farci de diverses manières, vient plus rarement sur la table que la saucisse et les pâtes. La vraie gastronomie russe réside principalement dans son art de la boisson. Le seul plat qui corresponde vraiment aux clichés sur les Russes et leur cuisine nationale est la vodka, qui est bien souvent considérée comme un plat principal en soi. L'une des premières anecdotes que j'ai entendues à ce propos dans mon enfance a été l'histoire de deux hommes qui arrivent dans un restaurant et qui commandent un litre de vodka.

« Est-ce que ces messieurs aimeraient manger quelque chose avec ? demande le serveur.

— Nous aimerions aussi manger de notre chère vodka, répondent les clients. »

Un coup d'œil dans le passé russe nous montre qu'il ne s'agit pas d'une simple plaisanterie. Si l'on en croit les manuels d'histoire, les premières recettes sont apparues au XIe siècle en Russie. On y décrivait la fabrication du pain noir (*vleb*) et de la purée d'orge perlé (*kacha*). En accompagnement, les Russes dégustaient des champignons ou des baies, parfois aussi de la viande mais de moins en moins après la christianisation de la Russie, car presque un jour sur deux était déclaré jour de jeûne. À la même époque, l'eau-de-vie était de plus en plus citée, car on la fabriquait avec la même céréale que le pain noir et la kacha. Dans les vieilles chroniques du XIe siècle, on voit déjà que plusieurs villes sont nées à partir de distilleries de schnaps pour améliorer l'humeur des colons. Le schnaps maison ne s'appelait pas encore « vodka » mais « vin de pain », « vin cuit » ou tout simplement « vin ». Mais ce vin avait déjà une grande influence sur la population et l'évolution de la cuisine nationale russe.

Sous la domination tatare au XIIIe siècle, beaucoup de Tatars et de Mongols sont arrivés en Russie. Ils mangeaient de la viande de cheval, du hamster grillé et buvaient du thé. Grâce à ce régime simple mais calorique, les hordes de Gengis Khan sont parvenues à contrôler rapidement de larges pans de territoire. En Russie, elles ont découvert le vin de pain et, peu après, elles se sont évaporées dans des circonstances encore non élucidées à ce jour. Une partie des troupes ont rapporté la recette chez elles, tandis que les autres sont restées à jamais dans la steppe. Ils ont fondé la république autonome du Tatarstan qui existe toujours aujourd'hui. En tout cas, ils ne représentaient plus de menace militaire sérieuse, et les Russes, en échange, ont adopté leur thé.

Quelques siècles plus tard, l'armée française a attaqué la Russie. La première grande guerre patriotique a encore confirmé les avantages de la gastronomie russe : les Français bien armés et bien organisés, qui se nourrissaient de côtelettes et d'omelettes riches en calories dans le rude hiver, n'arrivaient pas à la cheville des partisans qui se nourrissaient presque exclusivement de gnôle maison et de thé. Ils ne grelottaient pas, ils transpiraient. Armés de haches et de fourches, ils ont mis la pâtée aux Français comme s'il s'était agi d'une sorte d'exercice accompagnant la dégustation de vodka, qui à cette époque portait toujours le nom de vin. Napoléon a dû battre en retraite. Il avait sous-estimé la gastronomie russe. Cette dernière s'est une fois de plus enrichie grâce à ce genre de péripéties : le champagne et le cognac se sont depuis lors bien établis en Russie.

Au XXe siècle, la révolution russe a été à l'origine d'un nouvel apport pour la gastronomie russe. En effet, les recettes arrivaient désormais de partout : l'eau-de-vie de poivre ukrainienne, le schnaps de riz d'Ouzbékistan, la *tchatcha* (un alcool de raisin) d'Arménie et le schnaps de poisson d'Iakoutie. Mais aussi la vodka, qui à cette époque ne portait plus le nom de vin, poursuivait son évolution. Elle devait être sans odeur, ni goût, ni couleur. Et ne jamais avoir moins de quarante tours (degrés). Les intellectuels aimaient bien la vodka « Idée russe ». Il y en avait deux sortes : « l'idée claire » et « l'idée sombre ». Les travailleurs buvaient le « Fonce dedans » et le « Hoquet ». Avec Lénine est arrivé le « Bonheur nouveau », l'étrange vodka bolchevique à trente pour cent. On ne sait pas trop à partir de quoi les communistes le distillaient. Sous Staline, le schnaps a perdu tous ses noms pour ne plus porter que celui de « vodka ».

Les derniers chefs de gouvernement de l'Union soviétique ont vu dans cette boisson un grand danger pour l'avenir du pays. Non qu'elle handicapait la construction chancelante d'une société socialiste développée, non, au contraire, elle enthousiasmait les gens. Les chefs de gouvernement craignaient qu'en tant qu'alternative au socialisme, elle ne signe la fin de l'idéologie. L'Histoire a montré qu'ils ne s'étaient pas trompés. Mais à l'époque, dans les années 80, la direction du parti avait encore déclaré la guerre à l'alcoolisme. Gorbatchev, le dernier secrétaire général du parti, était particulièrement actif dans ce domaine. Il a fait arracher toutes les vignes, de la Géorgie à la Moldavie en passant par l'Ukraine.

Mais la vodka a survécu à cette terreur et a fini par enterrer le socialisme. En même temps que le marché se libéralisait, d'innombrables distilleries et marques de vodka sont nées. La gastronomie russe a en plus adopté toutes les marques étrangères possibles et imaginables, d'« Absolut » à « Zubrowka ». Beaucoup de nouveaux capitalistes ont tenté de se faire de l'argent facile en fabriquant de l'alcool bon marché. Les empoisonnements liés à ces pratiques sont arrivés en tête de liste des statistiques sur les accidents. Sur ce, le gouvernement a voulu renationaliser la principale spécialité russe et a mis tout en œuvre pour combattre les distilleries clandestines. Il a imaginé des marques de droit d'accise qui devaient être collées sur toutes les bouteilles de vodka véritable ainsi que de nouveaux bouchons et étiquettes en filigrane. Mais très vite, tous ces dispositifs ont été piratés. Dans une tentative désespérée, les entreprises étatiques ont même coloré pendant un temps leur vodka pour en garantir l'authenticité. Mais là aussi, les fraudeurs les ont vite rattrapées. Au paroxysme de cette compétition pour le marché, les autorités changeaient pratiquement chaque mois la couleur de la vodka. La vraie verte se tenait à côté de la vraie bleue ou de la jaune, mais les fausses étaient exactement semblables – et plus personne n'arrivait à les distinguer les unes des autres.

Aujourd'hui, c'est le rapport qualité/prix qui oriente le marché. La vodka peu chère et nocive pour la santé s'achète par bouteilles de trois litres au marché noir. Pour les consommateurs plus exigeants, il existe des produits plus raffinés. Comme il se doit dans toute économie capitaliste, le marché est régi par la loi de l'offre et de la demande. Tout le monde trouvera ce qu'il cherche sur le marché russe. On y vend des bouteilles de vodka qui parlent aux buveurs solitaires, comme on vend des tapis ou des montres parlantes à l'Ouest. Telle bouteille félicite son dernier consommateur avec un slogan humoristique sur la boisson et, au bout de la cinquième coudée, lance un avertissement : « La bouteille est vide, veuillez en acheter une nouvelle. » Il existe même une vodka sans alcool qui s'appelle « Reste en forme ». Un chauffeur de poids lourd m'a dit qu'elle se mariait bien avec quelques bières. Les vodkas étrangères donnent également lieu à de curieuses expérimentations. L'excellente vodka suédoise « Absolut » a été réinterprétée en une « Absolument Absolu », qui n'est pas plus mauvaise que l'originale, mais bien plus forte.

Les nombreuses marques de vodka existantes n'empêchent pas les véritables fans de créer sans cesse de nouvelles variétés. J'ai un ami américain qui, en 1996, a eu l'idée de distiller la meilleure vodka du monde. Pour atteindre son objectif, il a démissionné de son poste dans un journal de New York où il était journaliste, a pris toutes ses économies et est allé en Russie pour visiter des distilleries et acquérir la plus grande expérience possible. Pendant sept ans, on n'a plus entendu parler de lui. Je le considérais déjà comme une victime collatérale de la cuisine russe quand il s'est manifesté à nouveau. Il m'a parlé avec enthousiasme de son nouveau projet : aller au Mexique pour y trouver la meilleure tequila du monde.

Quand je lui ai demandé ce que son projet de vodka était devenu, il a eu une réaction bizarre.

« Quel projet de vodka ? » a-t-il rétorqué.

Je n'ai pas insisté, car je me disais bien qu'un abus prolongé de la gastronomie russe pouvait conduire au trou de mémoire. Beaucoup de propriétaires de restaurants russes le savent aussi. C'est la raison pour laquelle le dessert est toujours plus cher que l'entrée et le plat de résistance réunis. Après un repas bien arrosé de vodka, le client ne se souvient plus s'il a vraiment commandé cette étrange purée pommes-fraises pour 350 roubles, ni quel goût elle avait.

Une petite dernière

Placer une bouteille de vodka 3 à 4 heures au réfrigérateur. Couper le pain noir, le filet de hareng, les cornichons et les champignons marinés en petits morceaux, et les disposer sur une assiette. Déguster la vodka froide dans de petits verres. Ne rien manger après le premier verre, manger une seule tranche de pain après le deuxième, et après le troisième, tout est permis.

Remerciements

Pour leur soutien intellectuel, leurs bons conseils et les dégustations : Katarina Patapeika (Biélorussie), Alik Kasparov (Arménie), Helmut Höge (Sibérie), Iuegenia Kondratück (Ukraine), Tatiana Gura (Russie du Sud), Eldar (Tatarstan).

Achevé d'imprimer en mai 2019
sur les presses de Normandie Roto Impression s.a.s.
à Lonrai (France)
N° d'impression : 1902043

Dépôt légal : première édition, juin 2019